AF486678

Table des Matières

Le Québec, pays virtuel 2 1

Ces merdes qui ont trahi leur peuple 10

La fatigue culturelle occidentale 13

La loi 101 est un fétiche 16

L'urgence démographique au Québec 19

Nos "amis" autochtones 21

Combien de faux et de vrais réfugiés au Québec? 24

Les Rose : perdants idéalistes à l'image du Québec 27

Je suis islamophobe : Arrêtez-moi ! 29

Mais pourquoi Superman en pince-t-il pour cette idiote? 31

En 2019, dites non à l'immigration ! à la diversité imposée ! ... 33

Fier d'être catholique ! 35

Les femmes en politique ? C'est pas fameux ! 37

La mort du PQ 39

Les gilets jaunes : ces gros cons d'ouvriers ! 40

Épisode 4 : le monde du showbiz : Ardisson 42

Épisode 3 : le monde du showbiz - Pubs de merde, chaînes françaises 44

Le Chasseur 46

Les partis politiques selon la couleur des chakras 47

Luc Ferry sur la distinction des organisations politiques 49

Épisode 2 : Le monde du showbiz : Ils m'énervent ! 50

Hubert Lenoir, Klô Pelgag, Safia Nolin, Dave St-Pierre... le casting d'un film de Fellini ! 51

Ce Québec de la rectitude me tue... 54

Épisode 1 : Le monde du showbiz - Ariane Moffat 59

Quelle famille ! - Du bin bon monde ! 61

Appelez-moi Lise ou la gaffeuse historique 66

Conseil au Saint-Père : mariez-vous ! 69

Laïcité, la fin et le fin mot de l'Histoire 71

La charia soft, c'est correct ; mais les robes et les talons hauts ! 73

PMA, GPA, IGA, le marché de l'enfant 75

Le sionisme québécois 77

Les Youtubeuses de France : portrait sommaire 80

Politique fiction : la CAQ révolutionne le Québec ! 82

Encore des débats, toujours les mêmes.................................85

Le Québec : le non-pays qui radote 86

Autopsie : la mort du Québec...88

Ici Espace musique...91

Impresssions des élections : QS, PLQ, le Plateau : Fuck Them All ! 92

Picasso ne doit rien à l'Afrique 106

Cessez de voyager si c'est une fuite culturelle ! 108

Le capitalisme est un désir 110

Luttons pour le droit à l'islamophobie...................................111

Il n'y a aucun problème avec l'immigration 113

Le cinéma, c'est de la merde ! 118

Fête nationale 120

La géographie de la souveraineté 122

La ou les racailles du jour : Collection de criminels 123

11 mai 2018: Andrea Scoppa, un nom bien de chez nous !....124

Pensées éparses d'un dimanche de printemps 127

Le PQ est nulle... part !..129

Jean de Brébeuf, ouvert à la diversité qui l'a torturé ! 133

Les femmes en politique ! 135

Dany Laferrière, en visite dans les colonies 138

L'immigration va tuer le Québec...142

Le cinéma québécois 146

Mountreehall, ancienne ville québécoise connue sous le nom de Montréal 148

Différence entre les hommes et les femmes quant à l'évolution du sentiment amoureux..152

Les quatre grandes composantes de la vie..............................154

San Andreas, le film : Le Chevalier Blanc... mais Noir... mais pas trop Noir quand même!...155

L'École des fans de 2015...158

Penser la question autochtone 159

Le Québec est une Yvette...162

Le but du Bloc Québécois : faire chier le Canada ! 165

Le fédéralisme canadien, c'est du vol ! 168

Tweets du 20 février 2018 : une anthologie !............................171

Programme partiel et préliminaire pour un parti d'extrême droite 172

Le sport, c'est surtout un truc de mecs 176

L'insupportable diversité ! 178

Les porteurs d'eau vous emmerdent ! 181

Le Mois de l'Histoire des Noirs 183

"Maurice Richard" de Charles Binamé : Nègre blanc d'Amérique 185

Dieu, ce salaud ! Une brève analyse. 187

"Carlos" d'Olivier Assayas et du terrorisme 189

Johnny et la postérité 192

"Et maintenant", je ne signerai pas votre pétition ! 194

Les pamphlets controversés de Céline Dion.............................197

Cours de sexualité ou cours idéologique?.................................198

Hamlet québécois...201

Nietzsche, ce nazi ! 202

Nouvelles considérations philosophiques sur Johnny Hallyday 203

Quelques considérations sur Jean-Philippe Smet 205

La gauchiasse puritaine..207

Hommage au colonialisme 209

Je suis un Québécois, un "Blanc" privilégié, et je vous emmerde ! 211

TFO, anglos, révisionnisme, verglas...213

Hommage à Lise Payette 216

Québécois, prends ton trou !..218

Le revenu de base ou revenu universel.................................220

L'avenir improbable du Québec...221

Les Rocheuses?..223

Attention aux calomniateurs !...225

De grands voyages 230

Le marronnier du 8 mars...231

Mes pays préférés et pourquoi?..238

Le Québec moribond 241

Lénifier la Reine? Bonne idée !...244

Avons-nous besoin de tous ces députés?...............................245

L'avenir des pays occidentaux, ce sont...................................247

Japon : pays civilisé. 249

Réflexions de Kant sur nos pubs africaines qu'on nous oblige à regarder 251

Le peuple est con !...252

Le vote : un privilège 255

Élections : piège à cons?...257

Le phénomène MGTOW 259

Seriez-vous prêts à quitter le Québec?...................................262

Les "Anglas" nous détestent !..266

La ferme de la liberté (fiction) 270

L'idéologie des Trudeau, père et fils, a-t-elle atteint ses limites? 272

L' Avenir de la Musique 275

Le Blanchistan et l'art africain 278

Le poète Claude Péloquin est-il cette fois allé trop loin?........280

Le Petit Prince... islamiste 284

"Les envahisseurs" de la diversité...286

"Les Envahisseurs" : la prétendue "diversité".........................289

Le Québecxit au plus vite !...292

Immigrants : Retournez chez vous ! 295

Un parti souverainiste doit déclarer la souveraineté le jour de son élection ! 299

"Les peuples qui meurent, ça meurt longtemps." Pierre Falardeau...301

Le Québec : pays virtuel
Blogue 2
par
Daniel Dussault

Table des matières

Ces merdes qui ont trahi leur peuple..5

La fatigue culturelle occidentale..6

La loi 101 est un fétiche...7

L'urgence démographique au Québec......................................8

Nos "amis" autochtones.......................................8

Combien de faux et de vrais réfugiés au Québec?.....................10

Les Rose : perdants idéalistes à l'image du Québec........................11

Je suis islamophobe : Arrêtez-moi !...............................12

Mais pourquoi Superman en pince-t-il pour cette idiote?.....................13

En 2019, dites non à l'immigration ! à la diversité imposée !.....................14

Fier d'être catholique !...............................15

Les femmes en politique ? C'est pas fameux !.....................17

La mort du PQ.................................18

Les gilets jaunes : ces gros cons d'ouvriers !.....................18

Épisode 4 : le monde du showbiz : Ardisson.................................19

Épisode 3 : le monde du showbiz - Pubs de merde, chaînes françaises.....................21

Le Chasseur...22

Les partis politiques selon la couleur des chakras...............................22

Luc Ferry sur la distinction des organisations politiques..................23

Épisode 2 : Le monde du showbiz : Ils m'énervent !................24

Hubert Lenoir, Klô Pelgag, Safia Nolin, Dave St-Pierre... le casting d'un film de Fellini !..........24

Ce Québec de la rectitude me tue...................26

Épisode 1 : Le monde du showbiz - Ariane Moffat...................29

Quelle famille ! - Du bin bon monde !...................30

Appelez-moi Lise ou la gaffeuse historique...................32

Conseil au Saint-Père : mariez-vous !...................33

Laïcité, la fin et le fin mot de l'Histoire...................34

La charia soft, c'est correct ; mais les robes et les talons hauts !...................36

PMA, GPA, IGA, le marché de l'enfant...................36

Le sionisme québécois...................37

Les Youtubeuses de France : portrait sommaire...................39

Politique fiction : la CAQ révolutionne le Québec !...................40

Encore des débats, toujours les mêmes...................42

Le Québec : le non-pays qui radote...................42

Autopsie : la mort du Québec...................44

Ici Espace musique...................46

Impresssions des élections : QS, PLQ, le Plateau : Fuck Them All !...................46

Picasso ne doit rien à l'Afrique...................50

Cessez de voyager si c'est une fuite culturelle !...................51

Le capitalisme est un désir...................52

Luttons pour le droit à l'islamophobie...................52

Il n'y a aucun problème avec l'immigration...............54

Le cinéma, c'est de la merde !...............56

Fête nationale...............57

La géographie de la souveraineté...............58

La ou les racailles du jour : Collection de criminels...............59

11 mai 2018: Andrea Scoppa, un nom bien de chez nous !...............59

Pensées éparses d'un dimanche de printemps...............60

Le PQ est nulle... part !...............61

Jean de Brébeuf, ouvert à la diversité qui l'a torturé !...............63

Les femmes en politique !...............64

Dany Laferrière, en visite dans les colonies...............66

L'immigration va tuer le Québec...............68

Le cinéma québécois...............70

Mountreehall, ancienne ville québécoise connue sous le nom de Montréal...............72

Différence entre les hommes et les femmes quant à l'évolution du sentiment amoureux...........74

Les quatre grandes composantes de la vie...............75

San Andreas, le film : Le Chevalier Blanc... mais Noir... mais pas trop Noir quand même!.........75

L'École des fans de 2015...............77

Penser la question autochtone...............78

Le Québec est une Yvette...............80

Le but du Bloc Québécois : faire chier le Canada !....................82

Le fédéralisme canadien, c'est du vol !....................84

Tweets du 20 février 2018 : une anthologie !....................85

Programme partiel et préliminaire pour un parti d'extrême droite....................86

Le sport, c'est surtout un truc de mecs....................88

L'insupportable diversité !....................89

Les porteurs d'eau vous emmerdent !....................91

Le Mois de l'Histoire des Noirs....................92

"Maurice Richard" de Charles Binamé : Nègre blanc d'Amérique....................93

Dieu, ce salaud ! Une brève analyse....................95

"Carlos" d'Olivier Assayas et du terrorisme....................96

Johnny et la postérité....................97

"Et maintenant", je ne signerai pas votre pétition !....................98

Les pamphlets controversés de Céline Dion....................100

Cours de sexualité ou cours idéologique?....................101

Hamlet québécois....................103

Nietzsche, ce nazi !....................103

Nouvelles considérations philosophiques sur Johnny Hallyday....................104

Quelques considérations sur Jean-Philippe Smet....................104

La gauchiasse puritaine....................106

Hommage au colonialisme....................106

Je suis un Québécois, un "Blanc" privilégié, et je vous emmerde !......................107

TFO, anglos, révisionnisme, verglas......................108

Hommage à Lise Payette......................110

Québécois, prends ton trou !......................111

Le revenu de base ou revenu universel......................112

L'avenir improbable du Québec......................113

Les Rocheuses?......................113

Attention aux calomniateurs !......................114

De grands voyages......................115

Le marronnier du 8 mars......................116

Mes pays préférés et pourquoi?......................120

Le Québec moribond......................121

Lénifier la Reine? Bonne idée !......................123

Avons-nous besoin de tous ces députés?......................124

L'avenir des pays occidentaux, ce sont......................124

Japon : pays civilisé......................125

Réflexions de Kant sur nos pubs africaines qu'on nous oblige à regarder......................126

Le peuple est con !......................126

Le vote : un privilège......................127

Élections : piège à cons?......................129

Le phénomène MGTOW......................129

Seriez-vous prêts à quitter le Québec?......................131

Les "Anglas" nous détestent !......................132

La ferme de la liberté (fiction)......................134

L'idéologie des Trudeau, père et fils, a-t-elle atteint ses limites?......................135

L' Avenir de la Musique......................136

Le Blanchistan et l'art africain......................137

Le poète Claude Péloquin est-il cette fois allé trop loin?.....................................138

Le Petit Prince... islamiste...140

"Les envahisseurs" de la diversité..141

"Les Envahisseurs" : la prétendue "diversité"......................................142

Le Québecxit au plus vite !..143

Immigrants : Retournez chez vous !.....................................144

Un parti souverainiste doit déclarer la souveraineté le jour de son élection !.................145

"Les peuples qui meurent, ça meurt longtemps." Pierre Falardeau........................146

8 octobre 2020

Ces merdes qui ont trahi leur peuple

Toutes les sociétés occidentales se ressemblent plus ou moins aujourd'hui. Elles se dirigent toutes vers un état plus ou moins avancé de décomposition.

Les "élites" qui les dirigent ont trahi leur peuple. Après avoir créé la nation, ils travaillent à la détruire depuis les années soixante. Que ce soit un plan concerté ou non, un complot, ne change rien au résultat.

En gros, la droite libérale et la la gauche sociétale se sont unies dans un idéal commun qui exploitent les classes moyennes, réduites à environ 30% du corps social, en plus de les assommer de leçons morales sur les grands "ismes" de notre époque : féminisme, anti-racisme, sexisme, écologisme, etc.

Paris, c'est Montréal. La France et son immigration effarante a de l'avance sur la dégradation du tissu social, mais, n'en doutons pas, les mêmes causes produisant les mêmes effets, le Québec va arriver au même stade. Pour l'instant, le mal est circonscrit à Montréal. Un jour, on apprendra que le taux de criminalité a incroyablement augmenté, que les Québécois ont fui ce cloaque de communautés bigarrées aux moeurs qui sont aux antipodes des Occidentaux, et les journalistes et chroniqueurs patentés pousseront des cris d'orfraie.

La crise d'Oka de 1990 avait préparé les Québécois à la dépossession tranquille du territoire avec la complaisance voulue du fédéral. Devenue locataire du pays colonisé, le colon est devenu le paysan qui entretient ces seigneurs qui vivent de la rente victimaire. On peut prévoir que cette libanisation va se poursuivre et ne va pas s'arrêter après Montréal, Québec et Trois-Rivières. Devenu étranger dans sa propre maison, le Québécois évitera certains quartiers quand il visitera les villes qu'il a fondées. Peut-être même qu'on les débaptisera éventuellement pour plaire à la dernière peuplade descendue de l'avion, changeant les noms des rues, des parcs, des ponts et déboulonnant ces héros encombrants accusés de façon achronique de mille maux. Le néo-Quebecanis est en évolution !

Qu'est-ce qui pourrait mettre un frein à cette descente programmée? Une guerre civile? Un politicien providentiel? Un parti d'extrême droite astucieux qui avancerait masqué? Un coup d'État militaire? Trump a essayé, d'où cette lapidation quotidienne à laquelle il a droit.

En France, il existe une expatriation des jeunes Français qui ont fui l'enfer multiculturaliste vers les pays de l'Est (Roumanie, Hongrie, Russie, Estonie, etc.), qu'en sera-t-il des jeunes Québécois beaucoup moins conscientisés politiquement? Ils se suicideront, ou se résigneront à adopter les marottes de la gauche marxiste; ils deviendront écologistes et voudront sauver la planète pendant que leur société part en vrille ; ou ils chercheront une évasion dans le sport, les jeux vidéos, la drogue, etc.

Si Elon Musk réussit son pari d'aller sur Mars, qui sait? ce sera peut-être un bon plan !

("Selon mes calculs, le groupe ethnique canadien-français qui formait 79 % de la population québécoise en 1971, passera de 64,5 % en 2014, à 50 % en 2042 et à 45 % en 2050." https://vigile.quebec/articles/ethnie-fiction-ou-realisme-demographique)

30 novembre 2020

La fatigue culturelle occidentale

Bien avant que l'invasion de l'Occident soit évidente, celui-ci montrait des signes de stagnation.

L'écrivain Denis Tillenac s'interrogeait dans un de ces essais sur nos sociétés muséifiées. Certes, la beauté des villages français, ses monuments, l'architecture de ses grandes villes, son art de vivre, tout ce qui attirait autrefois et, encore aujourd'hui, les touristes du monde entier, ne sont-elles pas un décor pétrifié dans le temps, une sorte de faux-semblant permanent qui n'a plus aucun lien avec une vraie culture vivante et évolutive?

C'était dans les années quatre-vingts. Depuis nos interrogations sont autres. D'après Michel Onfray, la décadence de l'Occident, de notre civilisation, est évidente et inévitable.

Mais est-ce bien le cas? Le savons-nous vraiment? Avons-nous une juste évaluation de notre situation?

Ou n'est-ce pas plutôt que nous ne savons plus dans quelle direction poursuivre notre chemin? Nous ne sommes plus qui nous sommes.

Nous ne savons plus où nous en sommes et notre Histoire s'est arrêtée. La maison Occident est envahie. Il y a des étrangers qui se sont installés (avec la complicité des élites traîtresses incapables d'avoir anticipé l'avenir); ils amènent leurs moeurs bigarrées, exogènes, et, bien qu'il y ait de la résistance, de compromis en compromis, nous ne reconnaissons plus notre décor qui subsiste, mais comme figé dans l'immobilité, telle une photographie de carte postale.

Certains veulent revivifier le paganisme. D'autres redécouvrent l'art classique, musique et peinture. On devient nietzschéen ou on s'attache à une philosophie dont espère une renaissance, un art de vivre et des réponses.

S'il existe une possibilité de renaître à nous-mêmes, il nous faudra avant tout retrouver notre chez soi. Peut-être nous faudra-t-il chasser l'envahisseur ou, plus vraisemblablement, l'absorber pour recommencer à nommer notre être civilisationnelle et, de nouveau, cultiver les champs qui ont donné au monde entier la moisson du génie qui a défini le terme de civilisation.

25 novembre 2020

La loi 101 est un fétiche

J'ai souvent pensé que la loi 101 a nui au projet de la souveraineté du Québec.

Elle a donné aux Québécois une fausse sécurité culturelle. Elle a joué le rôle de la vraie souveraineté comme une sorte de fétiche qui allait magiquement nous protéger et assurer notre avenir linguistique.

La loi 101 adoptée, beaucoup de Québécois ont dû se dire : "Pourquoi se séparer si nous pouvons avoir le beurre et l'argent du beurre?"

D'une part, elle n'a pas transformé les immigrés, forcés d'aller à l'école française à la manière d'une punition, en Québécois. Au référendum de 1995, on sait qu'ils ont voté en grande partie contre la souveraineté.

D'autre part, avec l'immigration massive et avec tous les trous qu'il y a dans la loi 101, charcutée par les tribunaux, on constate ce qu'on constate à Montréal, c'est-à-dire une anglicisation accélérée.

De plus, les Québécois de souche ont fui ce cloaque communautarisme. Combien d'immigrés peuvent vivre sans ne connaître rien à la culture québécoise, sans même connaître de Québécois? Il leur suffit de se brancher sur Internet ou d'avoir accès à la télé de leur pays d'origine pour rester artificiellement dans leur environnement culturel ; ils peuvent aussi choisir de devenir de bons Américains en choisissant l'anglais. Il y a même une joueuse de tennis québécoise qui s'y est mise : la parfaite colonisée de l'intérieur.

Le gouvernement donne même aux immigrants le choix entre le français et l'anglais quand ceux-ci ont besoin de communiquer avec les différents ministères.

La seule façon pour les Québécois de préserver leur culture est de devenir souverain.

Les pays aussi peu peuplés que l'Islande, la Lituanie, l'Estonie, ou des pays qui ont environ le même nombre d'habitants que le Québec, comme la Finlande, la Norvège, n'ont pas besoin de loi 101 pour assurer la primauté de leur culture.

Les États-Unis commencent à connaître ce problème de la double allégeance linguistique avec l'immigration espagnole, mais, jusqu'à maintenant, les espagnols ont compris qu'ils avaient intérêt à apprendre l'anglais, la puissance économique du pays étant un puissant stimulant.

Renforcer la loi 101 ne peut pas nuire, mais il faut avant tout stopper le flot incessant d'immigrés et de réfugiés (vrais et faux) qui s'installent à Montréal.

Mais, en définitive, seule la souveraineté au Québec peut permettre de survivre sans se faire broyer par le monde anglo-saxon.

13 octobre 2020

L'urgence démographique au Québec

Pour prendre le pouvoir, le PQ, maintenant sous la gouverne de Paul Saint-Pierre Plamondon, doit mettre de l'avant la question de la démographie.

Il devrait proposer dans sa campagne électorale un référendum pour rapatrier d'Ottawa tous les pouvoirs concernant l'immigration, y compris les réfugiés. Le Québec doit pouvoir décider seul du taux d'immigration (proche de zéro!) et quels sont les critères pour immigrer au Québec ; de même, il doit détenir tous les pouvoirs pour le statut de réfugiés.

Le nouveau chef du PQ pourrait créer un ministère sur les questions de la souveraineté et le confier à Frédéric Bastien.

Advenant un Oui au référendum sur l'immigration, Bastien pourrait aller devant l'ONU pour plaider l'urgence pour le Québec de contrôler (d'arrêter) notre noyade ethnique et d'éviter notre disparition.

9 octobre 2020

Nos "amis" autochtones

C'est curieux la bonne opinion des Québécois envers les Autochtones, non pas qu'ils fassent les traiter en ennemis, mais ce ne sont pas nos alliés. Ils ont voté non aux deux référendums, traînent souvent le Québec devant les tribunaux ou pratiquent la politique des barricades.

Notre commisération envers eux est juste de la pitié, du sentimentalisme, de la mauvaise conscience coloniale.

Les États n'ont pas d'amis. Ils ont des alliés ou pas.

Cessons cette infantilisation des Autochtones qui ne les aide en rien. Combien de milliards faudra-t-il encore leur consacrer ? Huit milliards au fédéral, c'est quasi le PIB d'Haïti. Mais ce n'est jamais assez. Et où va tout cet argent ?

Il y a des municipalités qui aimeraient bien toucher un peu de cet argent. La vie en régions est difficile pour tout le monde et même pour les Québécois.

On connaît près de Montréal, une principauté autochtone, une zone de non-droit où on vend tabac et cannabis sans taxes, et où il y a un casino. Vous amassez plein d'argent et vous ne payez pas d'impôts. Ces perdants du "colonialisme" doivent être riches comme Crésus pendant que leurs voisins en arrachent à la fin du mois. Et leurs "frères" des autres "nations" (ils ont tous la même origine) ne vivent pas aussi bien qu'eux, mais de là à partager...

Le beurre et l'argent du beurre : parfois il faut impérativement honorer les traités qu'ils ne pouvaient pas lire au début de la colonie ; d'autres fois, si les tribunaux ne penchent pas de leur côté, ce sont les barricades ou ils ne reconnaissent pas le droit "européen".

Ils ne sont pas responsables des circonstances historiques qui leur a enlevé un mode de vie archaïque... Ce sont des victimes éternelles, bénéficiaires de la rente victimaire, les Québécois les regardent, s'apitoient et paient, devenus locataires dans le pays qu'ils ont fondé et développé. Qui sont les esclaves, qui sont les bourreaux? Nous sommes les vassaux de ces nouveaux seigneurs qui vivent de leur terre dans un curieux rapport qui s'est inversé, et il faudrait en être heureux?

Grave erreur du PQ de Lévesque d'avoir reconnu les "nations" amérindiennes sans qu'il n'y ait aucune réciprocité parce que c'est bien ce qui s'est passé. Pierre Elliot Trudeau qui avait promis de renouveler le pacte constitutionnel leur a accordé ce statut boursouflé de "nation", 50 nations dans la nation, pour mieux diluer l'ethnie québécoise. Plusieurs catégories de citoyens sur un même territoire : la recette parfaite pour le ressentiment et un sentiment d'injustice justifié.

À très long terme, ces "nations" (en réalité, ce sont davantage des tribus dans le sens anthropologique du terme) ont le potentiel pour le devenir. Quand la Nouvelle-France a débuté son aventure, il y avait peu de Français sur le territoire.

On voit que cette Constitution est une bombe qui va nous exploser à la face dans un avenir plus ou moins rapproché.

Si les Québécois ne prennent pas conscience de leur fragilité démographique et ne prennent pas les pleins pouvoirs sur le seul État qu'ils contrôlent, ils seront atomisés, submergés par mille entités qui vont les ignorer, les marginaliser, les assimiler dans la poubelle de l'Histoire.

3 octobre 2020

Combien de faux et de vrais réfugiés au Québec?

J'utilise les chiffres données du Gouvernement du Canada sur les site Immigration et citoyenneté : https://www.canada.ca/fr/immigration-refugies-citoyennete/services/refugies/demandes-asile/demandes-asile-2020.html .

Le déluge a vraiment débuté en 2017 quand Trudeau a décidé d'être généreux avec l'argent des autres ; quand il a envoyé ce gazouillis (ce "tweet") pour inviter tous les déshérités de la Terre à venir au Canada (en réalité au Québec et en Ontario) après l'élection du méchant Trump.

Ce sont tous les réfugiés, pas seulement ceux qui ont violé illégalement les frontières, comme celle béante du chemin Roxham, gentiment aménagé par la Gendarmerie du Canada, dont les agents aident les "migrants" avec leur valise à roulettes et leur téléphone cellulaire, guilis guilis aux petits enfants...

Nombre de réfugiés au Québec :

2017 : 25 515

2018 : 29 145

2019 : 31 265

2020 : 8090

Pour un grand total de 94 015. Si Trump est réélu, en novembre, il faut probablement prévoir un nouveau flot d'arrivants.

La plupart vont être logés aux frais des contribuables, évidemment, à Montréal et à Laval.

Certains (des méchants d'extrême droite!) se sont demandés si ces "migrants", ces illégaux, n'avaient pas contribué à aggraver la pandémie de la covid.

Selon, ce gentil journaliste des médias officiels, (https://www.latribune.ca/actualites/vos-questions-sur-la-covid-

19/non-ce-netait-pas-la-faute-du-chemin-roxham-
6a24b8cb92131c8f6440b3d33cf94656)

"Non, ce n'était pas la faute du chemin Roxham" (le titre se son article), parce qu'il entre chaque jour au Québec 22 000 personnes. "Jusqu'à la mi-mars (2020) au moins la moitié des nouveaux cas étaient reliés à des voyages internationaux". Cela donne quand même 50% des cas qui ne le sont pas. De novembre 2019 à mars 2020, il y a eu un total de 11 925 demandeurs d'asile (incluant tous les points d'entrée : terrestres, maritimes, dans d'autres pays), avant que le Canada se demande si ce ne serait pas mieux de fermer les frontières.

Le journaliste écrit qu'une soixantaine de passeurs par le chemin Roxham ne change pas grand-chose au tableau. Qu'est-ce qu'il en sait ? 11 925 personnes depuis nombre 2019 qui ne sont pas mis en quarantaine, ni testées, qui sont laissées libres d'aller et venir, ont peut-être eu une influence sur l'évolution de cette pandémie. On a entendu parler de la pandémie en Chine en décembre 2019, sans connaître l'ampleur véritable de celle-ci, la Chine ne pratiquant pas vraiment la transparence.

Notons que le nombre de demandeurs d'asile par les points d'entrée terrestre est passé de 965 en mars 2020 à 15 en avril 2020.

Donc, quand on écrit que la CAQ a sabré dans l'immigration, si peu de 50 000 à 40 000, il faut ajouter les 8090 de 2020 (l'année n'est pas finie), ce qui reviendra au taux habituel de néo-Québécois, parce qu'évidemment nous sommes tous des Québécois.

30 septembre 2020

Les Rose : perdants idéalistes à l'image du Québec

La politique, c'est quand on fait le lien entre le microcosme et le macrocosme. Le père de Paul Rose qui se tuait au travail pour 20 dollars par semaine, 80 dollars par mois. Qu'est-ce que ça représenterait aujourd'hui comme salaire ? toujours un salaire de misère, le salaire des Nègres blancs d'Amérique (Pierre Vallières).

Vous pouvez vous remémorer une situation semblable dans votre famille, sauf si vous appartenez à la petite bourgeoise québécoise et à leurs serviteurs qui a monté en vendant sa soumission, comme on le voit dans le film de Félix Rose, "Les Rose".

Tous ces policiers zélés qui frappaient les Québécois dans les manifs ; ceux qui ont exécuté "Les Ordres" (film de Michel Brault sur le même sujet) pendant la Loi des mesures de guerre. Les petites mains de l'oppression qui ont suivi aveuglement les chefs de la bande, nos Oncles Tom du fédéralisme, les French-Pea-Soups de service : Drapeau, Bourassa et, le vendu en tête de liste, Pierre Elliot Trudeau.

Le film de Félix Rose nous replonge dans le Québec de l'époque, quand une majorité de Québécois habitaient Montréal. Et si vous avez regardé le film à la télé (on peut aussi le voir sur le site de l'ONF), pendant les pauses commerciales, on vous vend le Québec de la diversité avec des représentants des minorités visibles à toutes les trois secondes, ceux qui vont vous remplacer et qui vont nous noyer dans une mer confuse de communautés bigarrées. C'est de cette façon que les élites ont programmé la disparition de l'ethnie québécoise.

Que pensez du militantisme musclé du FLQ ? Les Québécois ne sont pas violents et il y avait une montée des souverainistes (le RIN est né en 1960) qui aurait probablement amené tôt ou tard l'élection du PQ. Le FLQ a-t-il nui ou favorisé une prise de conscience des

Québécois? Qui sait? On le dit mais en 1980 le Québec a dit Non au référendum. Par ailleurs, nos adversaires se servaient souvent du FLQ, par amalgame, pour prêter au PQ des visées totalitaires, parfois encore. De nos jours, le mot terroriste a pris une autre connotation, selon l'usage politique qu'on lui octroie. Par exemple, on l'emploie rarement pour les Mohawks de la crise d'Oka de 1990. Le fédéral leur a même acheté des terrains...

D'un point de vue politique les objectifs à moyen et long termes du FLQ n'étaient pas claires. Ils ont joué les révolutionnaires amateurs, en tremblant devant leur audace, inspiré des mouvements qui secouaient le monde à l'époque (Irlande, Cuba, Palestiniens).

Ils ont accepté de jouer les méchants et de marquer leur vie à jamais pour l'idéal d'un Québec, maître dans sa maison.

De plus, le FLQ a été infiltré dès le début. Les gouvernements fédéral et provincial savaient parfaitement où étaient incarcérés Cross et Laporte. Ils auraient pu éviter le meurtre de Laporte et les deux mois de misère que Cross a dû endurer. Mais en adoptant la Loi des mesures de guerre, on effrayait les Québécois pour mettre un frein au désir de souveraineté qui montait dans la population.

Le but du jeune Félix Rose était sans doute d'humaniser et d'adoucir l'image de son père qui devait faire frémir dans les beaux quartiers de Mourial (sic). Une partie de leurs habitants fuiront quand le PQ prendra le pouvoir en 1976. C'est un documentaire avec des visées plus personnelles qu'une fresque historique.

Dans cinquante ou dans cent ans, comment seront jugés les felquistes, quand le Québec aura été transformé en Louisiane du Nord? Qui vivra verra, mais nous savons que l'Histoire est écrite par les gagnants.

Je suis islamophobe : Arrêtez-moi !

février 2019

J'emmerde l'islam ! J'encule Mahomet ! J'en ai rien à foutre de cette religion !

Ce n'est pas ma culture ! Ce n'est pas ma civilisation !

En ce qui me concerne, on devrait interdire l'islam en Occident. C'est une idéologie incompatible avec la démocratie, avec notre histoire, avec nos moeurs et

nos coutumes

Je ne dois absolument aucune forme de respect à cette doctrine, à cette religion et à ses dogmes, à son soi-disant prophète !

Celui-ci a égorgé une tribu juive, marié une petite fille de neuf ans. Autres temps, autres moeurs ? Ouais, ben, on repassera !

Si le Coran n'était pas exempté par la loi, on jugerait que certaines sourates sont de la littérature haineuse.

Nous ne sommes pas encore en terre islamique et j'espère que nous ne le serons jamais !

En terre islamique, je suis interdit ! Il m'est interdit de faire du prosélytisme chrétien (ma culture de base). Le contraire n'est pas vrai.

Il faudrait respecter leurs coutumes, changer les nôtres, nous adapter parce que cette religion se répand dans nos pays ! De la merde! Du vent ! Que nenni !

Et la gauche sociétale comme QS et les multiculturalistes à la Trudeau qui semblent vénérer l'islam et son culte !

Les gauchistes de QS auraient été les plus anticléricaux dans les années soixante et ils l'ont probablement été quand ils étaient communistes comme Françoise

David. Deux poids, deux mesures, parce que l'islam est la religion de l'immigration et qu'il faudrait se mettre à genoux devant eux et respecter leurs coutumes

archaïques.

À la limite, je respecte les individus... à la limite ! Et il ne faudrait pas pousser la discussion trop loin. On sait que la religion et la politique sont

souvent des sujets tabous qu'il vaut mieux ne pas aborder.

Et si j'avais un ami musulman, est-ce que je ne respecterais pas sa fausse religion? Bien justement, j'ai une amie Facebook tunisienne et j'évite de lui parler

de ces sujets. Je n'ai pas davantage de respect pour son faux jeûne du Ramadhan, par exemple.

Bref, continuons à diffamer les religions et vive la liberté d'expression de l'Occident, ce qu'il en reste...

Mais pourquoi Superman en pince-t-il pour cette idiote?

janvier 2019

Nous avons perdu l'innocence de regarder un film sans nous creuser les méninges.

Toutes les ficelles idéologiques nous apparaissent malgré le fond du rideau noir.

Le retour de Superman, la version de 2006, est surtout un film sur Lois Lane et sur les femmes salvatrices.

Celle-ci en veut à Superman d'être parti sans raison. Il est allé vérifier si sa planète existait encore. Il l'a laissé avec un fils aux cheveux trop longs et

en désordre, un peu névrosé, avec un asthme psychosomatique.

Mais pourquoi Superman est-il attiré par cette femme distinguée mais pas sexy? Elle ressemble à Sophie Trudeau avec sa tête infantile.

Elle ne pense qu'à sa carrière. Elle a gagné le prix Pulitzer.

C'est une battante. C,est une fonceuse.

Le méchant est joué par ce brillant acteur (?), Kevin Spacey, humilié par sa calvitie, trahi par sa maîtresse qui laisse tomber les cristaux dérobés à Superman

qui devaient lui donner le pouvoir d'être le méchant ultime.

Quand Superman revient, sa mère adoptive, vient l'accueillir quand il revient de son voyage interstellaire. Le père est mort.

Plus tard, Lois Lane le sauve, n'hésitant pas à plonger dans une mer glaciale (ouais, c'est un film !).

Est-il un super héros ou un super nono ? Il réalise bien quelques exploits, contrarie quelques bandits, mais que serait-il sans la femme, avenir de l'humanité,

lumière du nouveau monde?

Déjà en 2006, l'Amérique (et le monde) a pris le tournant féministe. Tout est psychologisé et féminisé. Depuis la nouvelle version de Batman, les super-héros

sont la proie de leur motivation inconsciente, ce qui est le contraire du super-héros.

Œdipe n'a pas de complexe d'œdipe. Il est Œdipe.

Mais Batman est sombre. Spiderrman se sent responsable de la mort de son père adoptif. Superman est un journaliste de second ordre, obnubilé par ses amours

contrariés.

Steve Job, d,après son biopic, n'était rien sans sa secrétaire (joué par Kate Winslett) et sa fille était la véritable génie de sa famille.

Et les Star Wars, version Kathleen Kennedy, sont des manifestes féministes qui ne sont pas regardables.

En 2019, dites non à l'immigration ! à la diversité imposée !

janvier 2019

À dix-huit heures, je regarde la Rai Internationale qui célébrait le passage à la nouvelle année.

C'était diffusé en direct de Melfi (si j'ai bien compris), une petite commune au centre de la botte de l'Italie.

Une absence presque complète de diversité ! Outre un rappeur qui avait obtenu son visa et le groupe rétro Chic, Freak Out, avec ses deux chanteuses qui doivent

totaliser 120 ans.

Un spectacle à l'européenne avec de belles danseuses, des blondes, des brunes, belles comme des Botticelli, qui s'agitaient comme dans un film de Rocco Sifredi

(?).

Des femmes violonistes, mais aucune joueuse vulgaire de saxophone ou de djembé phallique.

Un spectacle entrecoupé de capsules culturelles sur les splendeurs de l'Italie : patrimoine mondiale de l'Unesco ceci, patrimoine de l'Unesco cela. L'Italie

regorge de trésors que l'humanité entière peut apprécier parce que l'Italie a été déjà l'Italie et a pu grandir sans être étouffée par une fausse diversité

qu'on essaie d'imposer à tous les pays occidentaux.

Comme cela était reposant de ne pas subir ces pubs vulgaires avec les quotas obligatoires de non-Occidentaux. Les Asiatiques d'IKEA qui fêtent Noël : oui, il en

existe quelque part... La plupart sont bouddhistes ou taoïstes.

Le réveillon de Noël avec les grands-parents qui viennent d'Afrique dans une famille de Caucasiens. Mais d'où cela sort-il?

De l'imposition systématique de la diversité, de l'immigration de masse pour nier notre Histoire et nous faire disparaître petit à petit.

Puissions-nous, en 2019, résister à l'invasion ! J'en doute même avec Legault. Vive Orban ! Vive Trump !

Fier d'être catholique !

décembre 2018

Même si je ne suis pas croyant, je suis de tradition catholique et fier de l'être !

J'emmerde les autres religions dites du livre qui n'ont pas dépassé le concept du "oeil pour oeil, dent pour dent".

Et on voit ce que ça donne !

Tant que les adeptes de ces religions restaient dans leur monde médiéval, cela allait. Ils vivaient comme ils le désiraient avec leurs incessants conflits et

nos sociétés n'étaient pas trop affectées.

Mais ils ont commencé à se répandre comme les métastases d'un cancer... Bon, peu importe, c'est un autre sujet !

Que penser des autres religions ? Le bouddhisme, ça va. Le bouddhisme prend plusieurs formes, soit populaire (le Petit Véhicule avec des rituels, des

offrandes), soit plus cérébral (le Grand Véhicule où les moines cherchent l'illumination). Il s'exprime aussi dans le zen et est essentiellement une pratique.

L'hindouisme a ses grandeurs (tradition de la transmission des maîtres) et ses petitesses (les castes, les vaches sacrées, l'absence de papier cul en Inde). On

peut dire qu'il crée une société traditionaliste où le rôle de l'homme et la femme est codifié, comme il l'était autrefois dans les sociétés catholiques.

Les jeunes hommes deviennent frustrés sexuellement dans ce type d'approche puritaine des moeurs. C'est leur problème...

De ce point de vue, de l'attitude envers le sexe, les sociétés catholiques ont beaucoup évolué. Les plus à cheval sur l'orthodoxie catho affirmeraient sans

doute que nous sommes devenus décadents.

C'est sans doute vrai, mais je ne crois pas que nous allons revenir en arrière. Le pape, trop moderne au goût de certains, s'ajuste. À mon avis, il devrait

permettre le mariage des prêtes et ouvrir la prêtrise aux femmes.

On ramène toujours le catholicisme à ces problèmes de pédophilie, déplorables évidemment, mais qui appartiennent à une époque où on n'avait pas toujours le

choix de choisir la profession de son choix (au Québec particulièrement avec un clergé trop prégnant).

Michel Onfray (dont je ne suis pas un spécialiste) a beaucoup tiré sur l'ambulance du catholicisme. Comme philosophe, il ne voit pas, à mon humble avis,

l'aspect sociologique constructif du catholicisme.

En fait, l'apport du catholicisme a été de contenir l'humain, de lui donner une morale populaire.

Il y a de belles valeurs dans le catholicisme : le pardon ("que celui qui n'a jamais péché (...)", l'amour du prochain, la bonté.

Jésus était probablement un maître illuminé. Il n'a pas égorgé une tribu entière et n'a pas préconisé le mariage avec des petites filles de six ans !

Onfray lui reproche l'épisode des marchands du temple qu'il a chassé à coup de fouets... Et dans le même souffle, il prétend que le personnage historique,

Jésus, n'a pas existé... Il reste qu'aucun catholique n'a la morale de donner des coups de fouet à gauche et à droite !

Et l'Inquisition, et les Croisades, et blablabla... Rome ne s'est pas bâtie en un seul jour. L'être humain apprend par ces expériences et que celui qui n'a

jamais péché... visite le cimetière de Longueuil (photos).

Les femmes en politique ? C'est pas fameux !

décembre 2018

Je sais qu'on va me dire les hommes non plus.

Et, en général, c'est vrai.

Cependant, je ne peux pas nommer une femme qui ne serait pas dans la gestion terre-à-terre, qui aurait une vision plus générale, un point de vue de chef d'État.

Une femme qui est directrice d'école, par exemple, c'est parfait. Elle n'oublie aucun détail, tout comme lorsqu'elle fait le ménage.

D'ailleurs, on engage volontiers dans les hôtels des femmes pour faire le ménage parce qu'on sait qu'elles ont l'œil pour la précision, contrairement aux hommes

souvent plus "généralistes".

Les femmes n'ont pas de vision globale de la société, mais elles deviennent souvent dogmatiques.

On le voit avec QS, parti typiquement féminin, ou avec la French Pea Soup de service qui tient le rôle de mairesse dans l'ancienne ville québécoise,

Mountreehall, dont le rôle est de nous faire croire que cette ville est encore québécoise. Elle na pas hésité une seconde à trahir les siens en cédant

(virtuellement) le territoire aux Mohawks, en parlant anglais et en n'affichant pas le drapeau québécois.

Elles sont toutes comme ça. Ingrid Bettancourt, quand elle a été prise en otage en Colombie par les Farcs, était gardée par des femmes aussi zélées que le Che

qui n'auraient pas hésiter à lui tirer dans le dos (lire son récit absolument fascinant: "Même le silence a une fin").

Il y a eu quelques femmes d'État comme Margareth Thatcher, Golda Meir, Indira Ghandi... C'est ce que je disais, des dogmatiques, implacables, impitoyables!

En Suède, le féminisme socialo-hystérique a presque détruit le pays en acceptant une immigration massive. (Voir le vidéo de Black Pigeons Speaks sur YouTube.)

On pourrait nommer Lise Payette comme politicienne qui est sortie du lot, toutefois son féminisme a pris le dessus à la fin de sa vie sur sa volonté politique

souverainiste.

Les autres femmes connues du Québec ne se sont pas engagées pour le Québec, même si elles étaient probablement souverainistes : Janette Bertrand, Monique

Simard, Denise Bombardier, et j'en oublie !

Bref, cela ne va pas changer. Cela ne veut pas dire qu'elles ne peuvent pas servir l'État à leur façon. Elles sont excellentes pour chercher des poux. Ouais,

qu'on les mette à l'ouvrage, ces fainéantes !

(Photo : la jovialiste Valérie Plante, contente d'elle-même.)

La mort du PQ...

La mort du PQ qui est due en grande partie à la bêtise gauchiste de Jean-François Lisée nous a libérés de notre moi collectif.

La souveraineté devient de plus en plus improbable parce que malgré l'intention de la CAQ de ralentir notre noyade démographique par l'immigration, il rentre

quand même une centaine de milliers d'envahisseurs chaque année.

Notre idée d'acheter une île et d'y créer le Québec, nous semble plus réaliste que de convaincre le ventre mou des Québécois hésitants, sans mentionner le poids

mort de l'ancienne ville du Québec, Montréal, qui électoralement lèche le cul d'Ottawa.

L'élection de la CAQ est une maigre consolation puisque les Québécois de souche ont pu (une dernière fois) élire un gouvernement qui leur ressemble davantage

que les vendus et les corrompus du PLQ de sinistre mémoire.

Cela dit, de droite ou de gauche, le Québec sera écologiste, féministe, antiraciste, pro-diversité, respectueux des religions, c'est la tendance lourde des pays

occidentaux, l'observance du catéchisme de la bien-pensance. Et malheur à celui qui en dévie !

Nous avons chassé le clergé catholique, mais nous sommes devenus des curés de la pensée, prisonniers des chartes qui servent aux minorités du tiers-monde.

P.-S. Une île Québec ? Pourquoi pas si chaque souverainiste donnait 100 dollars. Tout de suite il y aurait un fond de 200 millions au moins.

Les gilets jaunes : ces gros cons d'ouvriers !

novembre 2018

Deux infos qui se télescopent au journal télévisé de France 2 : les gilets jaunes et le personnel de bord de la compagnie de vols peu chers d'Air France, Joon.

Les Français ne sont jamais contents. La réputation d'être des râleurs. Les réformes sont impossibles en France.

Les impôts et les taxes en France sont démesurés, mais peut-on vouloir des services, accueillir la misère du monde, et ne pas payer pour faire vivre la société

qu'on a choisi?

Sans doute que les ouvriers ne sont pas ceux qui ont voté pour les socialistes pendant toutes ces années, maintenant, ils sont les dindons de la farce.

Les bobos ont les moyens de jouer les bobos et de voter pour Macron et Paris. Les pauvres sont entretenus et le tiers état paie en partie une notre trop salée

pour lui.

Les employés de la compagnie "low cost" gagnent 26 000 euros, ce qui équivaut à 39 000 dollars "canardiens" !

Ils trouvent les moyens de se plaindre. Probablement un emploi que presque tout le monde peut occuper, qui doit demander une formation d'une semaine et quelques

notions de psychologie de base (pour travailler avec le public).

Justement, pourquoi ne pas engager ces parasites du tiers-monde qui ont envahi la France et les pays occidentaux ? Ce serait un bon emploi pour eux. (Toujours

dire un peu de mal de l'immigration et de la diversité !)

Que conclure? Le modèle du travail est probablement à revoir, la place et la valeur qu'on lui donne. On dirait que les gens veulent de moins en moins

travailler.

Le revenu de base universel serait peut-être une solution. C'est toujours mieux d'avoir une activité dans la société. Ce n'est pas tout le monde qui peut

remplir son temps de façon créative. Le bénévolat est intéressant. On se sent utile à la société sans avoir à subir le stress de la performance.

Épisode 4 : le monde du showbiz : Ardisson

novembre 2018

La concurrence est arrivée pour le microcosme télévisuel du Plateau de Mountreehall, l'ancienne ville québécoise, avec les deux nouvelles chaînes françaises de

Canal Plus !

Aucune publicité de merde pour nous enquiquiner et nous bourrer le crâne ! Grande qualité formelle et de l'image : les films ont l'air plus clairs, meilleure

technologie de diffusion (?).

Bon, si on fréquente ces chaînes, on s'aperçoit vite qu'ils sont aussi gauchistes que Québec Solidaire et Marc Cassidi.

Canal Plus était la chaîne bobo de référence du Paris cocaïne de la gauche sociétale dans les années 80 en montant.

On compare Ardisson et Guy A. Lepage et il n'y a pas photo !

Ardisson est toujours meilleur que Drucker et Ruquier, à mon avis.

Cela dit, il y a du bon et du moins bon.

Il décline son talk en deux volets : Les Terriens du Samedi, léger et divertissant, et Les Terriens du dimanche, plus sérieux avec des journalistes et des

commentateurs : quoique les deux abordent des sujets de société, comme hier les gilets jaunes.

Le décor est hallucinant ! Super beau. Clinquant, coloré. Le public est habillé en noir et, derrière les invités, on place de superbes jeunes femmes tout

sourire, que l'on aimerait bien aussi connaître !

Chaque belle femme cache un univers !

J'aime bien la formule de l'invité qui est interviewé en solo au début des terriens du dimanche.

Hier, c'était le styliste Kenzo, suivi d'un débat. Ensuite, ça devient plus léger et éclaté et l'intérêt se dilue.

Baffie... Moi, j'aime pas. Je pense qu'il a complètement perdu la main. Son personnage ne passe plus. Vannes salaces, le plus souvent.

Moix, je n'aime pas non plus. Il m'énerve. Ses bons mots se voudraient des fulgurances, je n'y vois que de l'esbroufe bien tourné pour cacher le vide de sa

pensée formatée : idéologie du gauchiste de base. Son numéro sur les migrants : il en invitera quelques-uns chez lui, s'il veut tous les sauver ! Plusieurs

doivent être antisémites. Il essaiera de les convaincre avec son ami Bernard-Henri Lévy de ne pas verser dans le terrorisme et la violence en France.

Le dimanche, les chroniqueurs commentent l'actualité. Il y en a pour tous les goûts et toutes les opinions : de la droite de Goldanel à l'ancienne candidate de

la France Insoumise.

Bref, vive la France. Vive le Québec, même si Ardisson n'aime pas notre accent poitevin d'Ancien régime. Vive le Québec... Vive le Québec libre !

https://www.youtube.com/watch?v=DOWfif0iNug

Épisode 3 : le monde du showbiz - Pubs de merde, chaînes françaises.

novembre 2018

Je déteste la publicité ! À la télévision, c'est une calamité. Toutes ces chaînes, comme le canal Évasion, sont polluées par les interruptions incessantes de

pubs toutes aussi nulles, les unes que les autres, et même si elles étaient belles, je me ferais un devoir de les détester !

C'est d'autant plus insupportable que maintenant elles sont devenues un véhicule idéologique de la gauche sociale.

Toutes les publicités ou presque mettent en scène des personnes issues des minorités visibles, presque systématiquement. Je ne vois pas comment les groupes

minoritaires peuvent dire qu'ils ne sont pas représentés.

Sommes-nous devenu un pays africain? Il n'y a pas une pub sans qu'il y ait un Noir, un Noir souvent en couple avec une "Blanche", une famille noire. Si ce n'est

pas un Noir, ce sont des Asiatiques. Quatre Caucasiens, un Asiatique et un Noir.

Et qu'ai-je contre les Noirs? À rien ! Seulement, je n'aime pas qu'on me force à aimer la diversité, qu'on me l'impose comme si c'était inévitable. C'est de

l'idéologie !

QS doit être content !

Et que penser des femmes dans la pub (comme au cinéma d'ailleurs), c'est Miss Parfaite sous tous les rapports ! Je pourrais en donner mille exemples. Il faut

"empowered" la petite fille, la femme. En contrepartie, s'il faut quelqu'un pour être ridicule et enfiler un costume de poulet, ce sera systématiquement un homme.

Comment se fait-il que l'image des nouvelles chaînes (celles de Canal Plus) françaises soient si belles? Si je compare avec le canal Frissons (là où les films

sont parfois involontairement drôles), c'est déplorable. L'image est d'une laideur ! Pourtant, nous devrions aussi être en grande définition.

Je ne sais pas ce qui fait la différence techniquement.

J'aime les chaînes française. TV5, avant qu'elle soit noyautée par l'esprit radio-canardien, la propagande multiculturaliste. Voilà une autre chaîne qui est

infestée par la pub !

Les Français sont 60 ? 70 millions ? Leur télé me paraît supérieure. Désolé pour la concurrence avec les Québécois.

- Quelle famille ! la série. (Voir mon article sur le sujet !) Ah ! La petite Isabelle ! Elle doit être dans ses 60 ans maintenant. Ouille ! Elle me plaît ! La

meilleure comédienne de cette émission, c'était la blonde qui portait des mini-jupes incroyables. Curieux, on ne voit pas jamais sa petite culotte. C'est un

exploit!

Le Chasseur

- Cette chanson décrit un moment poétique quand l'esprit, le corps et le monde sont en harmonie.

Par dessus l'étang
    Soudain j'ai vu
    Passer les oies sauvages
    Elles s'en allaient
    Vers le midi
    La Méditerranée
    Un vol de perdreaux
    Par-dessus les champs
    Montait dans les nuages
    La forêt chantait
    Le soleil brillait
    Au bout des marécages

Paroliers : Michel Delpech / Michel Albert Louis Pelay / Jean-Michel Franck Rivat / Pierre Morlane Jean / Gilles Jerome

Les partis politiques selon la couleur des chakras

novembre 2018

Le premier chakra est rouge comme le PLQ.

C'est celui qui est tout près de l'anus. Sous son aspect positif : relation harmonieuse avec l'argent et le travail.

Effectivement, le PLQ aime beaucoup l'argent.

Aspects négatifs : le doute, la peur et l'insécurité. Un vrai parti d'extrême droite.

Orange. La couleur de QS, la couleur de McDonald's. C'est le chakra qui a un lien avec le sexe et la nourriture. On retrouve le goût de QS pour l'abondance.

Cependant, comme tous les communistes, QS désire l'abondance mais serait incapable de la créer comme le capitalisme a si bien su le faire. Il veut jouir sans

entraves. Il n'est pas très loin de l'anus non plus. Voir le monologue du film Team America (https://www.youtube.com/watch?v=sEJ7l0kfDic).

Le chakra jaune. Y a-t-il un parti jaune ? Non, mais le suivant est le chakra vert, le chakra du cœur, celui des écolos, si à gauche. On aime tout le monde, mais

aussi difficulté à s'aimer. Y a-t-il jamais eu un parti écolo capable de s'entendre avec les autres partis, avec le reste de la société ? Pensons à la démission

de Nicolas Hulot en France.

On monte et on arrive au chakra bleu, couleur du Parti Québécois.

Dans son aspect négatif : Difficulté à exprimer ce qu'on veut, ce qu'on ressent. Très juste ! À l'image des Québécois, un peuple virtuel, ni oui, ni non.

La CAQ enfin qui embrasse toutes les couleurs. Mais qui trop embrasse mal étreint?

Peut-être que le parti a compris que, pour atteindre le nirvana, il fallait harmoniser tous les chakras. Ou bien il est le reflet de la division québécoise : la

tête n'est plus en relation avec l'anus, et le sexe qui ne parle plus à la gorge (?), on se retrouve cul par-dessus tête !

Qui sera le prochain gourou? Quand le disciple est prêt, le maître apparaît.

Luc Ferry sur la distinction des organisations politiques

novembre 2018

Zemmour et Naulleau 7 Novembre 2018 Partie 1

Luc ferry : "Il y a trois organisations politiques : la tribu,qui est un

particulier qui se prend pour l'universel. Dans les tribus anciennes,

on appelle homme, les gens de la tribu, le reste, c'est des peigne-culs (populaire: individu méprisable ou ennuyeux), ce sont des animaux, des sous-hommes, ça n'existe pas. Donc, la tribu est un particularisme revendiqué comme tel, un communautarisme, on dirait aujourd'hui. Vous avez l'empire, l'impérialisme, qui est au fond une tribu qui se prend pour l'universel et qui veut coloniser le

reste du monde. Et vous avez la nation entre les deux. Le peuple de

la nation, c'est à la fois la prétention à l'universalité et en même temps à la particularité, en philosophie on dit le singulier. https://www.youtube.com/watch?v=w6l03t4kEds

Épisode 2 : Le monde du showbiz : Ils m'énervent !

novembre 2018

C'est bizarre comment les gens peuvent finir par nous tomber sur les nerfs.

La sorcière du dimanche, par exemple. Quand il était avec RBO, on le trouvait drôle. Il était même copain avec Pierre Bourgault qui avait été son prof.

Que penserait-il de lui aujourd'hui? Bourgault était assez montréalo-centriste, mais aujourd'hui Mountreehall est fini pour le Québec, avec le remplacement de

la population par des ghettos ethniques.

On a des gens, ce qui reste de francos, qui se regardent le nombril parce que tous les médias sont à Montréal et qui se croient vraiment représentatifs de la

pensée dominante.

Autre vilaine belette, à l'internationale, Laurent Baffie, le complice d'Ardisson a perdu toute forme de pertinence humoristique. Son humour forcé, le plus

souvent vulgaire, ne passe plus.

Moix qui participe aussi à l'émission d'Ardisson, Salut les Terriens, pontifie ses opinions avec son sens de la formule qu'on est censé trouver brillant.

Bref, c'est bizarre comment les gens... D'où la fragilité des couples...

Hubert Lenoir, Klô Pelgag, Safia Nolin, Dave St-Pierre... le casting d'un film de Fellini !

novembre 2018

J'emprunte cette blague à Woody Allen.

Quand quelque chose est bizarre, incongru, excentrique, le qualifier de "casting de Fellini", cinéaste qui mettait parfois en scène des personnages farfelus

avec des physiques improbables (trop gros, trop grand, trop maquillé) pour faire rire dans la tradition de l'humour italien, proche de l'art du clown, de la

commedia dell'arte.

Au Québec, nous avons développé une forme semblable d'humour avec Sol et Gobelet, avec les émissions pour enfants comme La Ribouldingue, qui reprenait quelques

personnages typés (Pantalon, le clown blanc, etc. Le festival Juste pour rire est né ici. Le Cirque du Soleil a réinventé l'art du cirque en l'habillant à la

mode contemporaine.

Quand l'entarteur Belge est venu faire son tour au Québec, il a tout de suite trouvé des émules... pendant un temps... de même que les Femen.

Diane Dufresne, dans son personnage scénique, aimait la folie contrôlée.

C'est le bon côté de la chose mais qui vire parfois à l'absurde.

Le Québec est aussi le pays de feu Zombie Boy avec son visage tatoué, défiguré (paix à son âme).

S'il y a une folie à faire, c'est ici qu'elle va se faire ! Nous sommes si ouverts à tout et à tous.

Trop, c'est trop ! Nous ne sommes pas le pays de la mesure, de la politesse, du respect des usages sociaux.

Et que penser de tous ces jeunes artistes qui bafouent en apparence les usages?

Liberté, man !

Oui, pourquoi pas, on laisse bien une Lady Gaga jouer les excentriques dans les galas internationaux.

Cela dit, cette jeune génération exprime une autre forme de conformisme. Joue-t-on pas les excentriques ou l'est-on vraiment? Ce serait alors une forme

conformisme de l'anticonformisme.

On la devine être de gauche, anarchiste jusqu'à un certain point. Elle vote probablement pour Québec Solidaire ou elle ne vote pas.

Québécoise sans l'être vraiment ou totalement.

Bref, elle ressemble au pays du Québec, le pays du non-pays qui ne s'est pas vraiment choisi en 1980 et dont la personnalité est floue et fluctuante et qui

change au gré des modes idéologiques, gravant d'un tatouage son adhésion du moment.

Et de se retrouver avec le bras totalement tatoué comme Coeur de Pirate ! Un jour, hétéro, un jour queer, un jour lesbo, on ne sait

plus ! (Son thérapeute se serait pendu !)

Hier, la gauche était souverainiste, socialiste ; aujourd'hui elle sera mondialiste et socialiste... et écologiste, et féministe, et anti-raciste, et pro-

LGBT...

Petit-bourgeois, tu resteras, même en t'habillant à l'Armée du Salut (Catherine Dorion) ou en sortant d'un casting de Fellini (Klô Pelgag), ou d'un improbable

Bollywood (Hubert Lenoir).

Mercredi, 31 octobre 2018, 22:19

Ce Québec de la rectitude me tue...

Qu'on les laisse créer les Hubert Lenoir, Klô Pelgag, Safia Nolin, Dave St-Pierre...

Hubert Lenoir s'est foutu son trophée dans la bouche. «Ô mon Dieu!» Et Klô Pelgag portait une

moustache. «As-tu vu ça!»

Le tout m'a amusé au départ. Mais là, le talk of the town, c'est la guéguerre entre Safia Nolin et Mario Pelchat, c'est l'indignation suscitée par un artiste

qui deapthroat son trophée.

Règle # 1 : tu ne lances pas le Félix.

Règle # 2 : tu ne deepthroat pas le Félix.

On ajoutera ça aux codes à ne jamais transgresser. C'est que le gala du dimanche soir dépasse les cadres du milieu clos des artistes déjantés. Y'a d'autre monde

qui regarde. Tout doux les amis là.

Le Québec a été coincé longtemps. Dans le sens de « stuck-up », comme le dirait Safia Nolin, dans son franglais que j'aime bien.

Puis il s'était dégêné un peu, beaucoup même. Le temps de quelques générations. Et nous revoici au temps des censeurs, de l'indignation à très peu de chose, de

la rectitude qui castre, qui étouffe.

«La main du bourreau finit toujours par pourrir»

Oui, ce célèbre poème de Roland Giguère, que certains ont interprété comme un chant à la libération des sombres années duplessistes. Un poème d'étouffement,

certes, de par sa forme, notamment, mais par son rythme et son propos, surtout.

Grande main qui pèse sur nous
grande main qui nous aplatit contre terre
grande main qui nous brise les ailes

grande main de plomb chaud

grande main de fer rouge.

grands ongles qui nous scient les os

grands ongles qui nous ouvrent les yeux

comme des huîtres

grands ongles qui nous cousent les lèvres

grands ongles d'étain rouillé

grands ongles d'émail brûlé.

mais viendront les panaris

panaris

panaris.

la grande main qui nous cloue au sol

finira par pourrir

les jointures éclateront comme des verres de cristal

les ongles tomberont.

la grande main pourrira

et nous pourrons nous lever pour aller ailleurs.

Le poème est daté de 1951, mais il est paru en 1960 dans un recueil intitulé L'âge de la parole. 1960, année phare de la Révolution tranquille. Date marquante

dans l'histoire du Québec; le début d'une grande dépossession du joug lourd, suffocant, que gardait le clergé sur la société québécoise.

À bien des égards, ce poème de Roland Giguère rend merveilleusement bien ce sentiment d'étouffement, et d'aspiration à naître, l'aspiration d'une parole à

prendre.

Et ce qui allait suivre pendant quelques décennies fut fulgurant.

La transgression des anciennes normes allait devenir la nouvelle norme. On repousserait le plus loin possible le seuil d'indignation; entrainant ainsi une

multitude de possibles. Dans le monde des arts, entre autres.

Et ce Québec de la démesure m'a beaucoup fasciné.

Un de ses personnages en particulier, justement, par sa capacité à chercher à repousser toujours plus loin la limite de l'indignation. Son nom, Denis Vanier.

Selon certains aspects, Hubert Lenoir me fait penser à lui. Vanier n'était pas un chanteur populaire, mais plutôt un poète de la contre-culture. De la contre-

culture radicale.

Et je ne crois pas qu'on l'aurait invité à un gala du dimanche soir à la grande télévision. Si vous avez été indignés par Hubert Lenoir, je vous conseille de

vous tenir loin de Denis Vanier.

«Le clitoris de la fée des étoiles»

En notre époque puritaine, sclérosée à bien des égards, époque où les curés de la rectitude reviennent – à ce moment même où le religieux le fait aussi, on le

remarquera – je me demande si un Denis Vanier pourrait se construire une œuvre aussi phénoménale que celle qu'il a laissée, lui, décédé au tournant du

millénaire.

Suffit de se pencher à sa période, féconde, du haut-lieu de la contre-culture québécoise; fin soixante, début des années soixante-dix.

Je pense entre autres aux recueils tels que Le clitoris de la fée des étoiles, Pornographic delicatessen et Lesbiennes d'acid, notamment.

Iconographie violente, sexuellement explicite et très portée sur la jouissance, une poésie de l'éclatement : des règles, de la convenance, de la société, des

tabous. Une poésie fondée sur la transgression de l'acceptable, sur la révolte tous azimuts, tel que l'annonce, triomphalement, cet extrait de Allo-police,

poème tiré de son recueil Lesbiennes d'acid :

premièrement le poil et le clitoris en tant qu'instrument d'insubordination tactile

deuxièmement la vulgarité pour sa pureté et sa bonne odeur

troisièmement les mathématiques subversives aux mains des enfants

et quatrièmement la révolution pour la fin du chrysler impérial

DaGiovanni étampe ses carrés de jam dans le dos des negers québecois

et la plotte Eaton est un camp de concentration pour les fish sticks pollués de Radio-Canada

tank you Allah pour les racks à viande universitaires

qui se déshonnorent à lire Jean-Guy Pilon

pendant que les vrais poètes mangent des aspirines de Dracula incessants

l'argent c'est le vol

voler aux riches est un acte saint et sacré

tout ce qui est en vente dans les grands magasins nous appartient

il ne s'agit que de le reprendre

l'argent doit servir de papier à cigarette de marijuana

legalize it because we will take it in your blood

PS : Kraft fuck the cheese

C'est un des poèmes que lira le jeune Denis Vanier à la Nuit de la poésie de 1970. Ça détonait de certains autres textes, plus à la page du peace and love, ou

encore des poètes du pays ou des grands comme Gaston Miron et Jean-Guy Pilon...

J'ai tout de suite eu un coup de foudre pour ce poète (et Michèle Lalonde, apothéose de beauté cette soirée-là, en récitant Speak White...).

On remarquera que dans la transgression des codes, il y avait aussi celui de la langue. Safia Nolin n'a rien inventé, ni les Dead Obies. S'accaparer de la cohabitation linguistique, insérer les références anglophones dans le cœur de la poésie québécoise, assumer que cette langue n'existe pas en vase clos même si

on sait bien la parler.

Car c'est la réalité. Tout simplement. Vous comprendrez que je ne suis pas de ceux qui s'indignent de la langue de Safia Nolin. Vraiment pas. Cette femme,

merveilleuse, brillante, lumineuse, maitrise mieux sa langue, j'en suis certain, que les idiots qui ne sont capables de mieux que de la moquer.

«La vulgarité pour sa pureté et sa bonne odeur»

Qu'on les laisse créer les Hubert Lenoir, Klô Pelgag, Safia Nolin, Loud, et tous les autres. Qu'on laisse en paix les Robert Lepage, Dave St-Pierre et autres

artistes qui souffrent en notre époque de «la grande main qui nous aplatit contre terre».

Devant ces curés de la rectitude, il nous revendiquer encore, comme jadis, le droit à la vulgarité, à la transgression de la norme.

Mais qu'est-ce qu'on s'en fout que le chanteur Hubert Lenoir se foute son trophée dans la gorge.

À une autre époque, alors que Denis Vanier avait fait les manchettes (d'où le titre du poème Allo-Police, nom d'un quotidien de faits divers de l'époque où il

avait paru!) après s'être fait arrêter pour possession de stupéfiants, le poète s'était moqué de ses détracteurs quelques semaines après l'affaire.

À la grande surprise de tous, Denis Vanier avait réussi à faire la première page du Prions en église, version provinciale!

Voilà Hubert Lenoir! T'as de la marge!

Épisode 1 : Le monde du showbiz - Ariane Moffat

octobre 2018

Au gré de l'inspiration, je vais commenter le merveilleux monde du spectacle, appelé aussi le "showbiz", incluant le monde médiatique.

Dans la section Personnalité.

Ariane Moffat ou pourquoi elle n'est pas devenue une plus grosse vedette de la chanson? Pour des raisons tout à fait superficielles, je crois. Expliqué

brièvement : son physique ne fait pas rêver les masses. Serais-je de ces personnes qui jugent d'après les apparences? Moi, non, mais le peuple des

consommateurs, oui.

L'art populaire est un mélange de vrais talents, ou de faux talents, ou de mini-talents, un mélange qui est conjugué avec une bonne dose de rêves et de désirs

(Vanessa Paradis, par exemple, mini-talents mais quelles belles fesses! La beauté est aussi un talent dans le sens biblique - voir photo-.).

Ariane est probablement du signe Sagittaire. Elle me rappelle justement une amie Facebook qui est de ce signe et dont la personnalité s'en approche : une fille

sympa et très sociable, souriante, agréable et amicale. Cette amie Facebook est aussi lesbienne. Un hasard.

Ariane a du talent, un vrai talent. Elle compose, elle écrit. Elle a une belle voix. Cependant, elle est une petite grosse. Comparons avec une Béatrice Martin,

Coeur de Pirate. Elle a aussi du talent. Si elle a percé en France, c'est en partie parce qu'elle était aussi jeune et jolie.

Comme c'est injuste. Mais oui, la vie est injuste !

C'es autant plus dommage que la carrière d'un artiste au Québec atteint vite un sommet, une limite, qu'une réussite en France peut considérablement dépasser en

vente, en chiffre d'affaires, en popularité.

Mais qui sait si notre sympathique Ariane ne va pas un jour composer la chanson ultime qui va la propulser à un autre niveau de renommée.

(Photo : Ouille ! Aille ! Rien à faire, même relookée en fraulein d'avant-garde post-punk ça ne passe pas.)

Quelle famille ! - Du bin bon monde !

octobre 2018

Les deux dernières émissions de Quelle Famille ! (1970) traitaient du grave problème de la consommation du cannabis qui mène, selon le père de la série, à

l'escalade jusqu'au LSD et à l'héroïne. À la fin, il défend à ses enfants d'en prendre ! Même la hippie, qui est habituellement une grande gueule contestataire,

obéit !

Évidemment, Fernande (Janette Bertrand), était en pleurs. la perruque un brin déplacé, après leur retour impromptu de Québec, où elle et son époux, Gérard, le

chef de famille, découvrent que leurs plus vieux avaient essayé la marijuana, à l'exception d'Isabelle, trop pure. Elle avait peur ayant vu un copain qui

revenait de San Francisco et devenu un camé (Claude Dubois?).

Il leur tient un discours à la Réal Ouellet du Crédit Social tout en essayant de consoler son épouse. Celle-ci se demande pourquoi ses enfants se sont jetés

dans la drogue, eux, si heureux et comblés par le cocon d'une belle famille, si unie. Tout finit bien, mais "Quelle famille !" Hein, Macaire ! (Le chien.)

Cette série est géniale ! Elle représente si bien le Québec de l'époque, de Montréal en particulier, quand la ville était encore québécoise. La ville de

Montréal qui vibrait de québécitude après la tenue de l'Expo. La ville de Donald Lautrec présenté en direct du Complexe Desjardins.

(En 2003, je mangeais au Complexe Desjardins dans le coin bouffe ("food corner") et un autochtone désirait savoir si j'allais terminer mon club sandwich. Il

avait une petite faim. Ensuite, la sécurité l'a reconduit...)

Et que pense Janette Bertrand de l'enfer de la famille patriarcale, où le père est le chef de famille, où la mère a le rôle traditionnel de femme au foyer

préparant la bouffe et préservant la propreté du foyer. Quelle aliénation ! La femme ramenée à un rôle de bonne !

...Ma foi, elle n'avait pas l'air trop malheureuse (quoique...)! Quand elle fait "son" grand ménage du printemps, toute la famille s'y met pour l'aider dans sa

tâche dévolue.

Janette Bertrand n'est peut-être pas la meilleure comédienne au monde, alors il ne faut pas forcément décoder ce qui n'y est pas. Cependant, est-elle heureuse?

Elle passe son temps à chialer dans cette émission, à se plaindre, à craindre ceci ou cela, bref elle est super chiante !

Son visage exprime une sorte de dissonance de la personnalité qui ne doit pas être très loin de la vie réelle. Un visage assez froid et fermé qui alterne avec

un visage souriant et qu'on devine aimant pour ses proches.

C'est un mystère. Pourquoi donc une femme si privilégiée par sa culture, parce qu'elle a pu mener une belle carrière dans les médias (elle a même rencontré les

Beatles), s'est-elle transformée en cette harpie du féminisme triomphant dans les années 80 et 90?

Quelle famille ! est la preuve que la vision catastrophique de son idéologie révolutionnaire ne cadre pas avec la réalité.

En deuxième rang de la "chiantitude" arrive sa fille aînée. Celle-ci fréquente une caricature d'hippie qui lui met des idées dans la tête. Elle manifeste,

conteste au Cégep, s'inquiète de la faim dans le monde. Elle deviendra sûrement une future militante, une représentante syndicale à la Monique Simard (voir le film WOW de Claude Jutra, la version hard de la série télé !), féministe forcément, écologiste, tiers-mondiste, multiculturaliste. Puis elle finira candidate à

QS avec une moustache et transgenre.

Le vers de la déconstruction sociale était dans la pomme. Puissions-nous ne pas avoir tout brisé pour ne laisser qu'un vide informe et multiculturel ! Et en

1980 quand c'était le temps de voter OUI et de militer pour libérer le Québec, où étiez-vous donc planqués?

Quelle famille ! nous montre des Québécois typiques de cette époque. Des gens naïfs et purs, du "bin bon monde!", du monde à qui on ne décerne pas de prix

Nobel, mais qui avait créé une société où régnait une sorte d'harmonie.

Il faut garder bien précieusement dans les archives, les bandes de cette émission, comme on a remplacé l'ethnie québécoise par la Ligue des Noirs, les

Mosselimes et les Siks,

on ne saura plus bientôt comment se comportait l'espèce disparue.

Mentionnons la mode de l'époque, la mini-jupe qui arrivait à ras-le-pompon, comme disent les Français. Les filles n'avaient pas de tatouages à l'époque.

Qu'elles étaient bien jolies la petite Isabelle et sa soeur hippie dont j'oublie le prénom (mariées dans la vie à son frère de Quelle famille !) !

N.B. 1) La musique originale (François Morel, 1926-2018) de la série est bien itou. On savait y faire ou on commençait à savoir y faire.

2) Épisode du 30 octobre 2018. Une de nos vieilles comédiennes, Nana de Varennes, quel joli nom, qui joue la mère de "Fernande" (Janette Bertrand) ! Son doux

visage, traversé par les ans, exprime une grande bonté... (C'était peut-être Tatie Danielle !)

Monique Simard dans "Wow". Tout un pétard dans sa folle jeunesse !

Appelez-moi Lise ou la gaffeuse historique

octobre 2018

Hommage à Lise Payette. Avez-vous senti la ferveur populaire? Non, pas vraiment. Des discours officiels d'officiels et une dose de Ginette Reno pour ajouter une

couche d'émotions populaires.

Les féministes de droite, les Yvettes, l'ont utilisée en 1980. Les Yvettes ne l'aimaient pas parce qu'elle les empêchait d'être à la fois soumises et de mener

la barque dans leur ménage en matrone traditionnelle du Québec, bref de gagner sur tous les tableaux. Et les têtes d'affiche étaient des femmes de carrière qui

n'avaient rien à voir avec la femme prétendument aliénée.

À gauche, sa ferveur souverainiste était entachée par cette espèce d'hystérie anti-hommes qui la prenait parfois et qui la métamorphosait en donneuse de leçons.

Son souverainisme prenait la seconde place idéologique derrière la cause des femmes ! même au paradis du Féministan (un Féministan est un pays où le féminisme

domine comme dans les pays scandinaves, en Amérique du Nord, formant une sorte d'oumma à la mode "mosselime" si populaire ces temps-ci).

Car, c'est devenu un cliché du féminisme, il reste du chemin à parcourir, toutes les causes ne sont pas gagnées, le plafond de verre, les acquis fragiles et les

menaces de l'extrême droite... ensuite de sortir des statistiques : les femmes gagnent toujours 60% du salaire masculin, elles représentent 60% des CA... Les

statistiques sont des innocents qui avouent tout sous la torture, pour paraphraser une phrase célèbre.

L'Histoire va retenir cette photo de René Lévesque, de sa femme et de Lise Payette sur la même scène, pour annoncer la défaite du OUI, la victoire du NON, donc.

Mais pourquoi était-elle là? Par grandeur d'âme, en bon bonasse, René Lévesque n'avait pas voulu accabler celle qui avait donné au camp du NON un incontestable

élan.

(Notons que cette gaffe historique a été connue et amplifiée par la zélée du journalisme, Lise Bisssonnette, une souverainiste du Devoir qui, entre son "devoir"

journalistique et le destin de son peuple, n'a pas hésité à dénoncer la ministre. Solidarité de femmes !)

Quoi qu'il en soit, la défaite des uns a fait le bonheur des autres. Le désir nationaliste a cédé la place au désir féministe qui a su occuper le vide

idéologique.

Le fou de la fusillade de la Polytechnique a été le symptôme tragique de cette coupure ontologique dans le tissu social du Québec parce qu'une société où les

hommes et les femmes se perçoivent comme des classes rivales en lutte ne se prépare pas un avenir radieux.

Conseil au Saint-Père : mariez-vous !

octobre 2018

D'où je parle?

Je suis de tradition catholique : baptisme, confirmation.

Je suis athée. L'impression de l'avoir toujours été.

Quand l'Église avait du pouvoir au Québec, j'étais un anticlérical primaire !

Depuis l'Église au Québec a pris son trou. Elle a compris qu'elle ne gagnait rien à se mêler de la vie civile.

Quand l'Église est critiquée, j'ai maintenant tendance à la défendre parce qu'on ne tire pas sur une ambulance. Les critiques sont souvent exagérées. Quand

elles viennent de la gauche sociétale, on souhaiterait que celle-ci mette le même zèle à attaquer les religions exotiques qui nous ont envahis depuis quelques

années au Québec, et qui n'ont rien à voir avec notre culture.

Il y a peu de choses dans la Bible qui se rapprocherait d'un discours intolérant et qui mènerait à la violence. Certains, comme Michel Onfray, ont dénoncé Jésus

chassant les marchands du temple avec un fouet. Ce n'est pas devenu un commandement de l'Église : "Tu chasseras les commerçants des endroits saints."

Le catholicisme est tolérant si on le compare aux deux autres religions monothéismes qui lui disputent une place au palmarès de la bigoterie : islam et la

religion juive. Il a surtout un principe d'amour qui le place au-dessus des deux autres, et il a abjuré le principe du "œil pour œil, dent pour dent".

Ce qu'on reproche souvent à la l'Église, ce sont son sexisme et la pédophilie.

J'ai lu quelque part que le nombre de pédophiles n'est pas plus élevé dans la religion catholique que dans d'autres professions. Vrai ou faux, cela la fout mal

sur le CV de l'Église!

Un conseil que je donne amicalement au Saint-Père : il faut laisser les prêtres se marier.

L'abstinence sexuelle est une condition que peu de gens peuvent maintenir. Ce n'est pas sain pour la plupart des individus.

De plus, on imagine mal que les disciples du Christ aient été des célibataires. Cela ne cadre pas avec les mœurs d'une société traditionnelle où l'on devait

prendre une épouse, même moche, ou même étant moche. Chaque galoche avait son bossu ! On travaillait à douze ans, se mariait à 14 ans, avait quatre enfants à 20

ans. Exit l'adolescence heureuse ou malheureuse.

Deuxième conseil que j'offre gratuitement à sa sainteté le pape : laissez les femmes devenir prêtres.

Pourquoi? Parce que nous sommes en 2018 !

Bon, on comprend que lors des conciles les cardinaux se sentent bien entre hommes. On prend un peu de vin, on se lâche, on fait des blagues scabreuses, etc.

François, écoute-moi ! Suis ces deux conseils et on se souviendra de toi comme ayant été le grand réformateur du vingt-et-unième siècle !

Amen.

Laïcité, la fin et le fin mot de l'Histoire

octobre 2018

Y avait-il un problème de laïcité avant l'invasion immigrante, avant l'exhibition de cette fausse religion fondée par un vrai psychopathe?

(Je ne nomme personne !)

- Pas vraiment.

Les pays occidentaux ont commis un suicide culturel en acceptant d'autres civilisations et une myriade de cultures et d'ethnies. Les ont-ils acceptées

d'ailleurs? Non, on leur a imposées.

L'Histoire occidentale s'est arrêtée puisqu'il y a trop d'étrangers qui veulent faire la loi, appuyés par la gauche sociétale et la droite capitaliste qui

anticipe les bénéfices bancaires.

On a accepté des intrus qui s'incrustent. La soirée se prolonge, ils dorment à la maison : le lendemain, ils restent, puis un jour leur famille vient les

rejoindre, et d'autres, et d'autres.

Les hôtes ne se sentent plus à la maison, entre soi, avec ses codes et ses références.

Parfois, ils aiment se donner l'illusions que rien n'a changé. C'est particulièrement frappant dans ces émissions françaises qui célèbrent, un peu en radotant,

le fameux patrimoine de la France : ses personnages célèbres, ses paysages, ses villages. Dans ses émissions, on n'y voit pratiquement jamais d'étrangers.

Les Français de souche oublient pendant une heure ou deux les problèmes de la banlieue, le bruit, les odeurs, les incivilités, sans parler des attentats. Nulle référence au kebab qui vient d'ouvrir au coin de la rue, le millième. Nulle photogramme de cette rue parisienne qu'on croirait être une transposition du Moyen-

Orient, tant les individus sont habillés comme dans les tableaux à la mode orientale du dix-neuvième siècle.

On apprécie l'exotisme quand il reste l'exotique!

Certains mentionnent le danger d'une guerre civile parce que les cultures sont incompatibles. C'est comme s'ils le souhaitaient pour enfin se débarrasser de ces

individus qu'ils n'arrivent pas à aimer parce que ces envahisseurs n'ont pas réussi à se faire aimer.

D'autres parlent de "remigration". D'autres encore s'exilent : jeunes qui vont vivre ailleurs et que le pays perd de façon définitive, vieux qui prennent leur

retraite au Portugal.

Comment cela finira-t-il? Reprendrons-nous un jour le fil de notre Histoire? Le pourrons-nous? Le pourrions-nous?

(Ces tableaux orientalistes illustrent souvent des moeurs qui nous échappent et nous choquent aujourd'hui : une esclave blanche, un massacre au sabre, scènes

dans un harem, le bon nègre avec ses fardeaux sur la tête, etc.)

La charia soft, c'est correct ; mais les robes et les talons hauts !

octobre 2018

Le débat sur la laïcité qui est reparti. Je suis cela de loin. Le Québec radote comme il n'a pas choisi d'être libre en 1980 et d'être le boss de la place, il

est obligé d'adopter le cadre multiculturaliste du Canada. Il est même obligé de prendre des faux réfugiés.

Cela dit, dans une société libérale et libertaire, imposer quoi que ce soit devient difficile, mais si cela va dans le sens du marxisme sociétal, de la gauche

sociétale, ça va.

Pénaliser les clients des prostitués, c'est admis parce qu'on punit les méchants hommes occidentaux (ou non).

Interdire les publicités ou s'indigner de la femme objet, cela est conforme à la religion féministe.

Telle députée QS qui dénigre la tenue de la femme qui porte des robes et des talons hauts, ne va trouver rien à redire à une religion qui impose ses codes

archaïques vestimentaires et comportementales.

C'est l'Occident qu'il faut combattre quand on appartient à cette mouvance de gauche.

PMA, GPA, IGA, le marché de l'enfant

octobre 2018

(L'IGA est une grande chaîne de supermarchés québécoise.)

Un célèbre animateur français, Marc-Olivier Fogiel, raconte au Journal de France 2, l'histoire de sa nouvelle famille (Journal de 13 heures du 7 octobre 2018).

Il a adopté des enfants qui sont nés grâce à des mères porteuses.

C'est illégal en France, mais ici, évidemment, il n'y a eu aucun débat et avec notre progressif inconditionnel nous fait accepter n'importe quoi.

Cela dit, dans une de ses chroniques, Lise Ravary dénonçait Joël Legendre qui a fondé une famille de la même façon.

Légalement, il semble y avoir un flou. On a criminalisé les méchants hommes qui louent les vagins des prostituées, mais les femmes qui donnent l'enfant qu'elles

ont porté neuf mois au coeur de leur chair n'émeuvent pas les masses québécoises.

Pour revenir à notre animateur français, il nous racontait le bonheur tranquille de sa famille. Il y avait de l'amour, c'était une famille comme les autres,

avec deux papas...

Je n'en doute pas mais j'y vois beaucoup de rationalisations. Les enfants sentent ce genre de situations et ils ne sont pas dupes. Un peu comme dans le cas des

enfants adoptés qui ont l'intuition d'un manque... de quelque chose qui cloche.

Seront-ils plus malheureux? Pas forcément. deviendront-ils des délinquants? Pas forcément.

Cependant, ils devront composer avec ce déterminisme, ce trou dans la filiation qu'ils pourront ressentir comme un manque cruel ou faire comme leurs parents, c'est-à-dire rationaliser la situation pour mieux la nier.

Les individus qui ont recours à une mère porteuse ne sont pas de mauvaises personnes. Toutefois, elles privilégient leur désir d'enfant, leur désir de fonder

une famille, et ignore ou minimise le travail intellectuel que devra accomplir leur futur enfant pour composer avec la situation.

Les occasions de dérapage sont infinies : femmes exploitées, femmes qui s'attachent à l'enfant porté, enfant abandonné parce que né avec une tare quelconque,

etc. Rien n'y fera. Tout se fera.

Nous verrons dans quelques décennies le résultat de cette expérimentation sur l'ADN humain. Notre société vit mal toutes formes d'interdictions sauf celles qui

flattent les modes idéologiques du moment, souvent celles de la gauche sociétale.

Le sionisme québécois

octobre 2018

Je dois être le premier à lancer l'idée... on pourra croire que j'en fume du bon ! Ce qui n'est pas le cas ! Les années d'échecs des souverainistes ne rendent

pas optimiste, par conséquent, comme dit Jean-Marie, nous cherchons des solutions qui peuvent paraître désespérées, "farfectch", dit-on dans la langue des

maîtres.

Il faut comprendre que le Québec est devenu le Liban. On a commencé à diviser le territoire en reconnaissant les """"nations"""" autochtones, une des erreurs

du PQ. Ensuite, l'immigration de masse conjuguée aux doctrines du marxisme sociétal qui se sont diffusées dans les écoles (les syndicats d'enseignants sont

d'indécrottables marxistes anti-capitalistes), les médias, ont fait le reste. On se retrouve avec une ville qui n'est plus québécoise, Mountreehall, constamment

agitée par des manifs d'extrême gauche où il y a peu de Québécois de souche.

D'où la recherche d'une voie de sortie...

Comment les sionistes ont réussi à créer Israël?

Ils ont acheté du terrain, entre autres, et ont fini par occuper tout le territoire.

Ensuite, avec l'avantage moral que leur a donné la guerre, le monde, par mauvaise conscience, avec l'appui de l'Angleterre (la Déclaration de Balfour), les

capitaux des Rothschild, la création d'une armée, en poussant les autres habitants, Israël est né en 1948.

Comme les Québécois sont les nouveaux Juifs, dans le sens que personne ne les aime, il suffit de lire les réseaux sociaux pour constater les préjugés en

Amérique du Nord envers les francophones, si les Québécois voulaient vraiment un État, il faudrait employer en partie les mêmes méthodes.

Acheter du terrain au Québec ne servirait à rien. L'île d'Anticosti aurait pu être une possibilité, en plus il y a du pétrole, mais elle est revendiquée, à tort

ou à raison, par une soi-disant Première Nation (tribu) inuit. Paquet de troubles. Il faudrait leur verser des dividendes jusqu'à la fin des temps, comme nous

le faisons avec toutes les autres soi-disant """"nations"""" pour que ceux-ci vivent de leur terre tandis que leurs serfs, les Québécois, travaillent pour ces

nouveaux aristocrates.

Il faudrait plutôt trouver un terrain vierge, une île inhabitée. Il y en a sûrement si on y met le prix. Si elle était dans une mer chaude, ce serait encore

mieux puisque les Québécois ont développé un attrait certain pour le soleil du sud.

Comme il doit y avoir au moins deux millions de souverainistes au Québec, on multiplie par 100 dollars, on a tout de suite 200 millions. Si on envisage des

contributeurs plus fortunés comme PKP, ou les personnes qui pourraient donner 1 000 dollars, ou 100 dollars par année pendant deux ans, on arriverait à une

jolie somme.

Ensuite, on donnerait à l'île un statut juridique en la nommant Québec ; il faudrait construire dans un premier temps, un hôtel, installer les premiers colons qui accueilleraient les nouveaux Québécois; le bouche à oreille ferait le reste.

Quel Québécois n'aimerait pas aller passer des vacances dans un endroit où le logement ne coûterait rien puisqu'il serait le co-propriétaire de l'île?

Je sais que cela semble utopique, mais qui aurait parié sur la naissance d'Israël au dix-neuvième siècle? La victoire du Canadien? La carrière de Céline Dion?

La réussite de Guy Laliberté et de son cirque de clowns?

Un pays comme l'Islande avec ces 334 252 (2016) habitants est un pays aussi improbable, pourtant il existe bien et il est prospère.

Après un temps, des juristes travailleraient sur la reconnaissance juridique du nouveau pays et sur une sorte de Constitution. On peut songer à une double

nationalité pour que les nouveaux citoyens conservent un pied au Québec d'origine, pour le travail, le temps de développer le pays idéal.

Le pays Québec deviendrait un fait accompli après quelques années. Langue officielle : le français. Religion : privée. Interdiction : l'islam. Interdiction :

l'immigration de non-résidents du Québec.

L'aliénation que va créer l'immigration de remplacement pousserait ces néo-Québécois à s'installer à l'île Québec.

Quel projet emballant !

J'embarque. Voici le premier cent dollars !

Les Youtubeuses de France : portrait sommaire

octobre 2018

Jeunes youtubeuses de France. Il y en a quelques-unes qui sont connues. J'aime la façon dont les Français-ses s'expriment.

Leurs intérêts dans la vie sont assez superficielles. La politique et l'idéologie ne parviennent pas jusqu'à elles, surtout si elles sont d'un milieu

moyennement favorisé. Elles voyagent déjà grâce à leurs parents. Elles viennent souvent de la province.

Quelques noms : Juste Zoé, un million 200 mille abonnés, elle est particulièrement jolie, d'où le nombre élevé d'admirateurs? ; Mllex Cloé, 900 mille abonnés.

J'écoutais Juliette, 73 mille abonnés mais elle va monter...

Quand elles deviennent assez connues, les marques les sponsorisent et en plus elles sont payées par YouTube.

Je crois deviner que cela change leur personnalité, forcément, malheureusement. Elles perdent cette innocence que l'on a au début de l'adolescence.

Comme Québécois, j'apprécie leur niveau de langage. Quoi que l'on pense de l'anglicisation de la France, des emprunts à l'anglais, leur façon de s'exprimer

reste supérieure à la nôtre. La syntaxe et la diction sont meilleures. Je ne l'écris pas par complexe d'infériorité, je le constate.

Quelles sont les intérêts des Youtubeuses. Les intérêts de leur âge : la vie au lycée, les amies et les amis, les petits copains quand elles vieillissent, le

maquillage, etc.

Les femmes, même quand elles sont jeunes, expriment quelque chose de l'éternel féminin. Les jeunes hommes ont plus besoin de se façonner un monde, me semble-t-

il.

Elles sont matérialistes. Elles sont rarement politiques, comme je l'écrivais plus haut, et idéologiques. On devrait s'en réjouir? L'idéologie gauchiste

dominante dans les médias ne semble pas trop changer leur point de vue, contrairement à une youtubeuse québécoise que j'ai écoutée une fois et qui connaissait

déjà le catéchisme de base du gauchisme. Une future électrice de QS...

Une exception : Virgine Volta, qui est une catholique de droite nationaliste et patriote (les méchants qui font peur à la gauche). Elle est plus âgée que ses

consœurs d'internet.

Les Françaises de souche ne semblent pas avoir de relations amicales avec les beurettes. Ce sont deux mondes qui cohabitent de loin, surtout en province.

En général, les jeunes femmes qui se mettent en ligne changent du point de vue de leur personnalité. Cette mini starification leur enlève de la spontanéité en

parallèle avec les transformations qu'amènent l'adolescence.

Bref, si vous ne connaissiez pas, c'était un bref portrait du phénomène.

Photos : Zoé et Chloé.

Politique fiction : la CAQ révolutionne le Québec !

octobre 2018

Le lendemain de l'élection d'un gouvernement caquiste, lundi, le premier octobre 2018, une escouade de la SQ a investi la municipalité de Roxham.

Les policiers font face à la police fédérale de la GRC, dans une lutte pour la légitimé de la loi, et bloquent en même temps l'accès au territoire québécois.

Le premier ministre élu, François Legault a décidé de refuser tous les migrants illégaux qui ont franchi la frontière et ceux qui étaient sur le territoire ont

été expulsés. Ils ont reçu mille dollars pour se refaire une vie dans leur pays merdique.

"Qu'ils aillent construire ou reconstruire leur pays, a déclaré le premier ministre, nous ne sommes pas la poubelle des États-Unis, ou d'Haïti ou d'ailleurs."

Certains ont critiqué le mille dollars qu'on leur a donné, mais Legault a souligné que c'était moins cher que de leur donner l'aide sociale pendant des années

et tous les services sociaux de l'État québécois.

Le gouvernement caquiste a aussi décrété un moratoire sur l'immigration et a commandé un rapport sur les coûts et l'apport réel de cette mythique apport de la

diversité.

Autre surprise de taille, la mairesse jovialiste de l'ancienne ville québécoise, Mountreehall, la French Pea Soup de service, est maintenant derrière les barreaux. Elle contrevenait à la loi en refusant d'arborer le drapeau québécois et en déclarant qu'un territoire du Québec appartenait à une nation étrangère et

hostile. La CAQ songe à modifier la loi pour ajouter le crime de trahison.

La ville est maintenant sous la tutelle du gouvernement. Plusieurs circonscriptions seront fusionnées et la taille de l'administration réduite. On prévoit un

nouvel exode des quartiers de l'Ouest vers Toronto et le Maghreb.

Justement, plusieurs groupes religieux sont à couteaux tirés avec la nouvelle Charte de la laïcité qui interdit toutes formes de prosélytisme dans les

institutions publiques, l'interdit des voiles, des cagoules, dans l'espace public, les écoles, les universités, les CPE, les hôpitaux, etc.

De nombreuses manifestation d'anarchistes ont ponctué la vie montréalaise pour protester contre la Charte de Legault et de multiples arrestations ont suivi

après des confrontations avec les policiers de l'escouade antiémeute.

Un tristement célèbre manifestant professionnel subventionné par l'université Concordia a été projeté au sol par les policiers qui lui ont cassé un bras

(accidentellement). Son visage est tuméfié.

On a aussi arrêté un islamiste bien connu qui a été expulsé du territoire québécois.

Le gouvernement Legault en a profité pour revoir le financement des universités et des cégeps et pour changer les programmes qui sont souvent des voies vers le

chômage et le parasitisme social.

En parallèle à cette agitation urbaine, l'UPAC a fait plusieurs descentes dans les locaux du PLQ. Elle a arrêté plusieurs anciens députés et ministres pour

corruption présumée. On parle même de l'arrestation de deux anciens premiers ministres dont un qui utilisait son titre tout en travaillant comme espion pour le

SCRS.

Legault entend, au plan économique, garder au Québec tous les sièges sociaux, et faire en sorte que les ressources ne soient pas brader et qu'elles enrichissent

tous les Québécois, l'eau, en particulier, l'or bleu de l'avenir, devra être vendue au double du prix actuel.

Bref, le Québec bouge et l'opinion publique semble enthousiasmée par les derniers bouleversements de la province du Québec, le trublion de la fédération

canardienne.

En revanche, le gouvernement Trudeau ne sait plus comment contrer l'action du nouveau gouvernement québécois. Il a même envisagé d'adopter la Loi des Mesures de

guerre. Mais étant au plus bas dans les sondages, Justin Trudeau doit se contenter de regarder son homologue provincial.

Il a particulièrement déploré le retrait du Québec de la taxe carbone, Legault ayant qualifié cette théorie écologique de légende urbaine.

Pour ce qui est de l'opinion publique canadienne, elle est fascinée par l'audace des dirigeants québécois, en particulier le premier ministre de l'Ontario, Doug

Ford. "Legault is a hell of a guy", a-t-il déclaré dans le charabia chuintant et cacophonique de la langue de la famille germanique.

Encore des débats, toujours les mêmes...

octobre 2018

Comme je ne crois plus que la souveraineté du Québec se fera, j'essaie de me tenir loin de l'actualité. Le sevrage sera difficile !

Nous revoilà repartis sur le débat des signes religieux.

Ce sera sans moi !

Cette histoire aurait dû se régler il y a au moins quinze ans.

C'est ce qui arrive quand on fait entrer des milliers d'immigrants d'une religion archaïque et totalitaire. Ça finit par déborder de tout partout.

Nous ne sommes plus tout à fait chez nous, en famille.

Tous les pays occidentaux ont ce problème.

Mais pourquoi les Occidentaux se donnent-ils tout ce trouble ?

De vrais masochistes.

Les patrons aiment la main-doeuvre à bon marché et le nombre permet à l'économie de donner l'illusion de la progression parce qu'à long terme on se retrouve

avec de nombreux chômeurs et des gens qui vivent de l'aide sociale.

Les ghettos culturels, les zones de non-droit suivent habituellement.

Quelques photos de l'ancien califat. Celui qui menaçait son peuple à la télé. Quel déplaisant personnage !

J'essaie de me rappeler une seule de ses réalisations pour le Québec... Chant des grillons.

Le Québec : le non-pays qui radote

octobre 2018

Nous étions connus comme un peuple de "patenteux", d'ingénieux ingénieurs amateurs, nous voici devenus un peuple de radoteux !

Nous revoilà tous repartis pour une ronde de débats sur la laïcité. Embarquons tous dans un manège de la Ronde et tournons et retournons la question dans tous

les sens.

Si cette question avait été réglée à l'époque de Bouychard-Taylor, nous ne serions pas encore à ressasser ce sujet.

J'ai une solution. Il faut séparer Montréal du Québec puisque la plus grande opposition va certainement venir de cette ancienne ville du Québec que les

immigrants nous ont volée avec la complicité des fédérastes.

Oui, Mountreehall, vous gardez vos mosselimes, vos enturbanés et vos gourous, vos antifas, vos libérastes, vos multiculturalistes, sur votre territoire mohawk

non-cédé, et votre French Pea Soup de mairesse qui veut faire croire au RdQ (le Reste du Québec) que la ville est encore francophone ; le reste du Québec, les

colons comme les appelle la sorcière du dimanche, Guy A., vivra tranquille tout en gardant sa tradition catholique parce qu'après tout nous sommes encore chez

nous.

Il faudra rapatrier dans l'ancienne métropole volée par l'immigration les obsédés de l'égorgeur pédophile parce que ceux-ci commencent aussi à se répandre dans

la circonscription de la branchée Dorion. C'est à se demander si elle n'a pas été élue à cause (grâce à, si vous êtes un partisan) de ce vote.

On a dit à Labeaume que sa ville était trop blanche et le gros benêt y a cru. Depuis, il veut transformer Québec en petit Montréal-Nord. Les gangs et les

ghettos vont suivre, j'imagine. Les mêmes causes produisant les mêmes effets.

Moi, je n'ai pas envie de suivre l'actualité. J'imagine mal Legault résistant à la pression. Je peux me tromper.

Quand on fait entrer depuis deux décennies des hordes d'étrangers, il ne faut pas se surprendre de ne plus être chez soi dans sa maison.

Mais les Québécois ont choisi de ne pas être le propriétaire de leur cabane et ils en payent le prix. Ils aiment être pauvres et être d'éternels locataires.

Ce soubresaut électoral sera-t-il assez puissant pour changer la donne?

Nous le serons dans dix ans. Au Québec, les choses évoluent si lentement que cela ressemble à du piétinement.

C'est typique des gens qui n'osent pas vivre. Ils radotent sur les erreurs du passé.

Québec, un gros hôpital psychiatrique, les patients sont en excursion de groupe à la Ronde et ils vont reprendre un tour de manège et retournez en rond les

questions des signes religieux, de l'immigration. Oui, non, non, oui...

Ce sera sans moi cette fois-ci. Je regarderai de loin ce fascinant débat.

Autopsie : la mort du Québec

octobre 2018

Que voilà un titre bien dramatique pour engendrer une forte réaction chez le futur lecteur !

Comment !, s'écrie-t-il ! Le Québec est mort !

J'hésitais entre "La souveraineté, c'est finie" et "Le Québec a raté sa vie... jusqu'à maintenant".

En effet, il en est des peuples comme des individus, ils peuvent rater leur vie et passer à côté de leur destin.

Le Québec a raté son destin en 1980 en votant NON au référendum. C'était le moment où il aurait dû prendre le chemin de la liberté. C'était le meilleur

gouvernement que le Québec avait élu. L'élite des élites. Il eut pu devenir une nation, pleine et entière, il restera un groupe ethnique, une tribu.

Quelque chose d'autre s'est joué. Jean Larose a écrit sur ce sujet dans La Petite Noirceur". D'aune part, peut-être que les élites étaient coupées du peuple et

qu'ils ont cru être arrivés. D'autre part, comme dans ces films de Bergman, le drame était sous-jacent et on a vécu la rupture ontologique entre les hommes et

les femmes. Ce fut la vraie naissance du féminisme à la québécoise.

Le référendum de 1995 qu'a plébisité 60% des francophones a plutôt été la naissance du Québec de la diversité, c'est-à-dire la mainmise des minorités sur la

majorité, soutenus par la gauche sociétale hystérisée qui s'incarne à Montréal sur le Plateau, à QS, chez les antifas, dans les médias...

Que penser des élections du premier octobre 2018? N'est-ce qu'un soubresaut du moribond avant l'acte final, la constatation du décès?

Je suis souverainiste. Je serai toujours souverainiste, mais j'ai cessé de croire que les Québécois vont prendre ce chemin.

Quand on appartient à un peuple, on connaît l'interface. On sait comment est l'autre, même s'il est multiple. On ne peut pas se mentir ; chez soi, c'est chez

soi. On n'a qu'une maison.

Ailleurs, Québécois, vous serez toujours l'étranger. Celui avait un accent en France. Le tabarnacos aux États-Unis (les Américains sont d'un racisme avec les

francophones...). Vous pouvez voyager autant que vous voulez et vous inventer des rêves, faire du brunoblanchettisme ou du Anthony Bourdain.

Donc, je suis du Québec, mais ce Québec n'existe pas vraiment. Il est dans la virtualité.

La coupure que je ressens est que la plupart des Québécois (sans doute les plus jeunes) ne le vivent pas comme une blessure, une déchirure ou alors ils se

mentent.

Les colonisés de la droite, concentrés dans la ville de Québec, se mentent. Ils se voient comme des Américains, envient ce modèle.

La gauche sociétale, surtout montréalaise, est avant tout mondialiste.

Bref, allons-nous nous épuiser à convaincre tous ces individus. En plus, il en vient 50 000 par année pour achever de nous noyer démographiquement.

Moi, je n'y crois plus.

Je suis heureux que les libérastes aient été envoyés en enfer (relatif), mais ils vont revenir probablement. Ils ont tous les médias à leur service. Ils vont

revenir, alliés à la gauche hystérique de QS.

Comme l'écrit Sartre : "L'homme n'est pas prédéfini. Il se définit par ses actes et ce qu'il fait de sa vie. L'homme n'est rien d'autre que son projet, il

n'existe que dans la mesure où il se réalise, il n'est donc rien d'autre que l'ensemble de ses actes, rien d'autre que sa vie. Trop souvent, on se donne des

excuses: les circonstances ont été contre moi, je valais beaucoup mieux que ce que j'ai été. Or, en réalité, il n'y a pas d'amour autre que celui qui se

construit, il n'y a pas de possibilité d'amour autre que celle qui se manifeste dans un amour. Un homme s'engage dans sa vie, dessine sa figure, et en dehors de

cette figure, il n'y a rien. C'est le sens de l'affirmation que chez l'être humain, "l'existence précède l'essence." (http://www.ac-grenoble.fr/PhiloSophie/logphil/auteurs/sartre.htm

Longue citation. C'est brillant.

"En dehors de cette figure, il n'y a rien." Cela dit, tant que l'homme (l'humain) vit, il a la liberté de changer son destin.

Le peuple québécois n'est pas mort. Je ne suis pas mort et vous non plus puisque vous me lisez !... Lisée... Quelle tarte ! Intelligent, mais l'idéologie l'a

submergé ; l'idéologie, donc les sentiments qui l'ont empêché de s'adapter au Québec réel...

Malgré tout.

Vive le Québec libre !

Ici Espace musique

octobre 2018

Espace musique. On diffuse du classique entre 3 et 5. Excellent. Mais à cinq heures, on nous assomme avec un indicatif pop bruyant. Puis un bavard arrive avec

du classique. Calme. 5h30 : il faut subir les informations truquées de Radio-Cadenas. Ça demeure la meilleure radio...

Ce n'est plus le format du passé qui ressemblait davantage à France Culture. Un intellectuel comme Jean Larose le déplore. Il a peut-être raison.

C'est l'autre chaîne qui a repris l'aspect intellectuel mais qui est complètement idéologique et biaisée. C'est inécoutable.

Pour revenir à la chaîne musicale, les animateurs sont de qualité... en général. Au moins, ils ont un point de vue.

On a souvent cependant souvent l'impression qu'ils travaillent et que ce n'est pas une passion.

Ma préférée est Catherine Pépin. Elle est Française d'origine, d'extraction noble (Pépin le Bref...)... Non, sans doute pas. Elle me fait l'impression d'être

une femme épanouie. Elle a ce rire cristallin.

Impresssions des élections : QS, PLQ, le Plateau : Fuck Them All !

octobre 2018

Islamistes et banchés du Plateau, gens de condition modeste, unissez-vous pour chanter l'Internationale !

Ça me fait penser à la vague du NPD de Jack Layton, le cancéreux en phase terminale qui a soulevé la pitié de l'électorat.

Le côté jeune et sympa, contestataire, anarchiste, branché, le "j'irais prendre une bière avec eux", a joué en leur faveur.

Maintenant, il faut payer des salaires exorbitants et des avantages sociaux à Manon et à sa gang... Les élus de QS ont des salaires de 90 850 dollars, néanmoins

ils ont l'outrecuidance de venir jouer les pauvres qui n'ont pas d'argent pour s'acheter un rasoir (suivez mon regard) et de flatter les miséreux de notre

province de citoyens de seconde zone dans le Canada.

Leur mesquinerie envers le PQ qui a amené autant au Québec de mesures sociales associées à la gauche est incroyable. Au-delà du PQ, ce sont tous les

souverainistes sympathisants de ce parti et qui ont l'indignité de ne pas être des gauchistes sociétaux trotsko-marxisants (entre deux cafés équitables) que QS

insulte et méprise.

Leur tête de hipsters branchés me déplaît autant que celle de Guy A. Lepage, ou celle de Michel C. Auger et de Céline Galipeau. Délit de faciès? Pas uniquement,

leur visage cache plus ou moins bien leur philosophie de passifs-agressifs : "Nan-na-nan, hey hey Goodbye!", chantaient-ils quand le PQ a perdu le pouvoir en

2014. Hier, 1er octobre, jour d'élection, ils ont hué Lisée poussé par leur totalitarisme bêtifiant.

Cependant, QS, après avoir été léché, couvé, protégé (comme le fait la mafia) par les médias fédérastes, va devenir le nouveau PQ, bien que ce soit la CAQ qui,

probablement, subira toutes les foudres de Mountreehall, la patrie rouge des staliniens anti-Québécois systémiques, du Plateau, des médias multiculturalistes,

des ghettos de la diversité.

Les médias et les fédérastes ne vont pas pardonner à la CAQ d'avoir donné aux Québécois francophones un remplacement à la "gang de pourris" du PLQ. Ils vont y

goûter! Tous leurs projets vont être scrutés à la loupe des vendus du ROC. Legault va avoir besoin de grosses couilles qu'il n'a probablement pas.

Post-mortem... est un anglicisme... Bilan, autopsie (nous conseille l'OQLF) du PQ et de Lisée. Merci, Jean-François, puis-je lire sur Twitter. Ouais ! Gros

merci, tu as tué le mouvement souverainiste par ton gauchisme de grosse tarte à la scandinave ! Il me fait penser à ces Suédois, bonasses, émasculés par

l'idéologie totalitaire du socialo-féminisme.

En plus d'être tarte, il est aussi menteur que Bourassa puisqu'il s'est fait élire chef en jouant la carte identitaire. Qui ne regrette pas de ne pas avoir voté

pour Martine Ouellet ? Évidemment, elle est folle, mais cela n'empêche pas les coucous de QS de marquer des buts. Elle aurait bien semoncé le Saoudien et la

Ginette Reno de QS.

Lisée et une bonne partie du PQ ne comprennent rien au Québec, fixés qu'ils sont, de façon hypnotique, par les médias de Mountreehall, attentifs à ne pas

déplaire, à dire ce qu'il faut, à être dans la totale "branchitude" : féministe, écologiste, multiculturaliste... Bravo, vous avez gagné le prix de la vertu

bien-pensante ! Et perdu vos élections, perdu le Québec! Achevé d'achever le PQ.

Les souverainistes du PQ ont ce qu'il mérite. Le parti devrait se saborder. Que les souverainistes agissent en coulisse loin du regard haineux d'une grande

partie du Québec ou qu'ils prennent congé du Québec. (Après tout, le monde est grand. Il y a en France un exil des jeunes Français qui ont compris que leur pays

ne leur appartenait plus tout à fait avec le Grand Remplacement par l'Afrique. Vous, les jeunes qui désirez fonder une famille, vous avez le temps. Ou allez

vivre en région, l'immigration devrait vous rattraper dans une vingtaine d'années si vous avez de la chance.)

Cela dit, l'entité politique du Parti Québécois est le sismographe de la québécitude, ce n'est pas lui le malade, il est juste un symptôme de notre perdition

depuis le référendum de 1980. Les Québécois ont perdu l'occasion en 1980, avec la formidable équipe de René Lévesque, de se donner une épine dorsale et depuis

ils s'agitent, parfois de façon incompréhensible, comme une poule qui a perdu la tête (d'où leur façon de voter illogique et impulsive).

S'ajoute à notre déroute identitaire, une crise identitaire dans tous les pays occidentaux.

Je reste un souverainiste parce que la liberté est un bien en soi, mais franchement je ne vois pas comment on peut faire la souveraineté au Québec entre la

droite colonisée de Québec et les gauchistes multiculturalistes de Mountreehall, les fédérastes purs et durs, la mafia libéraste, et la prétendue diversité,

c'est-à-dire l'invasion immigrante imposée par le fédéral, les médias et les gauchistes à la QS. Le Québec ne me ressemble plus ou vie-versa.

La souveraineté castriste et castrante à la QS ne m'intéresse pas, d'ailleurs elle est présentée de manière aussi irréaliste que leur programme, elle prévoit

la partition du territoire, un partage avec les Autochtones qui se fichent de la souveraineté des Québécois (vote massif du NON aux deux référendums). Une

souveraineté non-identitaire qui exclut le nationalisme québécois...

Je propose que chaque souverainiste donne cent dollars (minimum) et que nous achetions une île dans une mer chaude et ensoleillée et que nous la nommions

Québec.

Je pense qu'à l'heure actuelle, ce projet farfelu est plus réaliste que la souveraineté du Québec.

Cessons de ramer à contre-courant, c'est épuisant, et, en plus, il y a des colonisés comme les Luc lavoie,, les Pierre Bruneau, Jeff Filion ou André Arthur et

tous ceux qui les suivent et les écoutent qui nous détestent.

Je ne tiens pas à être aimé de ces déchets médiatiques, cependant qu'ils ne trouvent plus de cible à leur détestation me réjouit. Ne laissons pas la haine de

nos ennemis nous gâcher la vie qui est précieuse et éphémère.

Le peuple québécois n'est pas mort... pas encore. Pierre Falardeau l'exprimait très lucidement : "L'agonie des peuples peut être très longue."

Picasso ne doit rien à l'Afrique

septembre 2018

Il semble y avoir une tendance gauchiste dans les musées maintenant, sans doute parce que ce sont des organismes para-gouvernementaux, subventionnés, où on se

doit d'organiser des expositions avec des thèmes multiculturalistes ou féministes, ou Dieu sait quelle mode culturelle.

Une exposition Riopelle n'est pas suffisante. Il faut l'associer avec une ancienne maîtresse, Joan Mitchell, dont la plupart des gens ignoraient l'existence.

Qu'elle soit une grande artiste, je veux bien, mais si tel est le cas ne devrait-elle pas se suffire à elle-même ? Son génie devrait être éloquent par lui-même.

On devine l'idéologie qui est derrière ce genre d'exposition. Les femmes n'avaient pas le droit d'avoir une carrière de peintre, donc leur talent était ignoré,

bla bla... Bon, qu'est-ce qui les empêche de le faire maintenant ?

Dans le cas de Picasso, les concepteurs de l'exposition se sont limités à une période où Picasso s'est inspiré de l'art africain, des masques africains. Oui, je

veux bien ! Mais il s'est aussi inspiré de Vélasquez, entre autres, et de tout l'art occidental dont il n'ignorait rien de par sa formation académique.

Cézanne et Matisse avaient déjà commencé le travail de réduire le sujet à des formes simples.

Si Picasso s'est inspiré de l'art africain, cela prouve-t-il que l'art africain est d'avant-garde ? Non parce que le contraire n'est pas vrai. Il fallait

posséder cette culture occidentale pour aller emprunter à d'autres cultures et l'intégrer dans son art.

Je vois plutôt dans ces rapprochements une façon de "sucer du Nègre". Il est de bon ton de célébrer le multiculturalisme et la diversité, comme si on ne pouvait

plus montrer l'art occidental uniquement.

Bref, Picasso est un génie qui aurait été génial avec ou sans l'Afrique et le contraire n'est pas vrai ou alors qu'on me prouve le contraire.

Cessez de voyager si c'est une fuite culturelle !

septembre 2018

Quand feu Anthony Bourdain voyageait, il fuyait les lieux pour touristes. Il appréciait autant un boui-boui de la République Dominicaine qu'une grande table

élitiste de la gastronomie en Italie.

Un aparté. C'est difficile de croire à son suicide. Quelqu'un qui avait tout dans la vie.

Bref, je reviens au thème des voyages.

Je regarde assez souvent la chaîne Évasion, la chaîne je me paie un voyage avec votre abonnement, où on voit souvent des Québécois qui donnent dans le

"brunoblanchettisme", c'est-à-dire des Québécois qui semblent croire que c'est mieux ailleurs. (Bruno Blanchette vit ce qu'il veut évidemment, je me sers juste

de son nom pour démontrer mon point de vue.)

Et avec leur côté naïf et leur enthousiasme débile, ils vont s'enthousiasmer pour des banalités : la crème glacée italienne ou n'importe quel plat va les mettre

en extase.

Je regardais deux Québécoises à Macao. Une des animatrices montent dans une de ces tours imbéciles pour touristes où on se jette des airs avec un élastique.

Débile ! Ce n'est pas parce que c'est la mode de se croire obligé de passer ce genre de rituel de la modernité qu'il faut le faire.

De la même façon, tous ces tatouages hideux que toutes les filles se croient obligées d'avoir aujourd'hui sont des plaies sur une peau qui devrait rester

maculée et laiteuse comme celle des madones de Raphael.

Voyager, c'est bien, mais la mode du voyage qui est juste une variante du multiculturalisme est une fuite en avant.

Non, ce n'est pas forcément merveilleux dans les autres pays ! Parfois, ça l'est, parfois, ça ne l'est pas. Oui, dans les pays asiatiques, les gens ont une

certaine retenue qui pourrait nous inspirer au lieu de s'énerver et de parler fort, et d'être reconnus pour une certaine vulgarité à l'étranger.

Mais eux, c'est eux, nous, c'est nous. La discipline asiatique est aussi un ensemble de contraintes.

Et habituellement, dans ces émissions de voyage, on ne nous montre pas les ghettos, la misère économique ou culturelle.

Je suis heureux de voir les enfants québécois dans les parcs qui sont maintenant noyés par les ethnies.

Ils sont franchement beaux et blancs.

Les Occidentaux sont beaux.

Les belles blondes.

Les filles Québécoises sont jolies quand elles n'ont pas l'idée saugrenue de se faire tatouer.

Bref, cessez de voyager si c'est pour fuir le Québec et penser que les autres auraient découvert la voie du bonheur. D'ailleurs, que viendraient-ils faire ici à

nous envahir si leur pays était aussi merveilleux que le canal Évasion le laisse croire ?

Le capitalisme est un désir

septembre 2018

La magie du roulement à billes. L'être humain est ingénieux. S'il ne l'était pas, il ne serait pas là ou il peinerait. Il y a un bon argument à amener sur les

bienfaits du capitalisme qui a apporté l'abondance et amélioré les conditions de vie.

On prend une société comme la Hollande commerçante du dix-septième siècle. Sans les marchands, la bourgeoisie, y aurait-il eu Vermeer, Rembrandt, les peintres

de natures mortes? Ce petit pays est resté économiquement prospère. La mentalité est restée libérale par la suite.

On ne s'épanouit que dans l'abondance et dans l'émulation.

La Russie communiste a pu égaler pendant un temps les États-Unis capitalistes, mais les Russes faisaient la queue pour la nourriture.

C'est la compétition idéologique qui motivait les Russes.

Il faut toujours un adjuvant pour que l'humain ait le désir d'avancer : le désir du désir.

Luttons pour le droit à l'islamophobie

août 2018

Quand les deux précieuses ridicules de la Commission Bouchard-Taylor ont donné des leçons aux Québécois, il y avait une relative méconnaissance de l'islam.

Cependant, depuis ces années, nous avons beaucoup appris sur l'islam... Eh bien, c'est du beau ! Il en va des idées comme des personnes : certaines ne gagnent

pas à être connues!

Plus j'en connais sur l'islam, et plus j'ai envie que cette idéologie disparaisse de la planète Terre. Je ne vois pas ce qu'elle apporte aux êtres humains. Elle

est en totale contradiction avec l'évolution des sociétés occidentales qui sont devenues tolérantes, ouvertes et égalitaires, parfois jusqu'à la caricature de

la rectitude politique.

L'islam est une fausse religion fondée par un faux prophète. Qui peut admirer un tel individu? Je ne vais pas énumérer ici l'ensemble de ses faits d'armes,

l'ensemble des détails de sa biographie décadente.

Qu'une musulmane ou qu'une catholique se présente aux élections, ce n'est pas le problème. Un curé s'est déjà présenté pour le Parti Québécois. Était-il habillé

en curé? Si c'était le cas, c'était sa profession.

Qu'une simple citoyenne se présente voilée est un problème. Ce n'est pas sa profession d'être une croyante. Elle n'a pas à s'afficher et à parader

ostensiblement.

Moi, ça me dérange. Je suis intolérant? Peut-être.

Islamophobe? Il y a de bonnes raisons de l'être quand on fait le décompte des attentats terroristes faits au nom de l'islam.

Quand on se sent colonisé par une autre civilisation en contradiction avec notre façon d'être dans la société.

Nous avons droit à demeurer une société avec une identité québécoise. Nous avons notre évolution, notre histoire.

De plus, l'immigration est devenue un fléau que les partis fédéralistes nous impose pour nous noyer de façon démographique.

Les Québécois ont fait le choix de sortir la religion catholique de leurs écoles. Ce n'est pas pour voir des fillettes voilées au primaire et des garderies avec

des intervenantes voilées.

La liberté d'expression inclut aussi le droit au blasphème. Je n'ai pas à respecter les religions quelles qu'elles soient si celles-ci ne sont pas sacrées pour

moi.

Je respecte les individus, toutefois j'ai le droit de critiquer leurs idéologies, surtout si elles me semblent mener à la dictature.

Vive la liberté ! Vive le Québec ! Vive le Québec libre !

Il n'y a aucun problème avec l'immigration

juillet 2018

Il n'y a aucun problème avec l'immigration... le problème, c'est le nombre, le nombre et le type d'immigration.

Il y a des civilisations incompatibles.

Les Européens vont mieux ensemble, jusqu'à un certain point.

C'est une constante de l'être humain de ne pas accepter la différence, n'importe quelle différence.

Les Français et les Anglais ne s'entendent pas vraiment.

C'était vrai en Europe, ce fut vrai ici.

Les Américains détestent les Français.

Il ne faut qu'un prétexte pour que cela ressorte, un désaccord politique par exemple (boycott des "french fries" à la suite du refus de la France de participer
     à la guerre d'Irak).

Si on faisait un sondage, le peuple voterait-il pour qu'il y ait de l'immigration? Probablement que oui. Et dans les sondages, on oriente les questions et on

fait dire n'importe quoi à n'importe qui.

On a (les médias, les politiciens) tellement raconté au peuple qu'il fallait absolument de l'immigration, qu'il a fini par y croire.

On ne fait plus d'enfants. Ce qui est faux. Il y en a moins et,écologiquement, ce n'est pas plus mal.

Quand un pays se développe, il y a moins d'enfants parce que le coût de la vie est plus cher, et parce qu'on apprécie une vie plus relaxante et confortable.

Il n'y a aucun problème avec l'immigration mais à partir d'un certain nombre, ce n'est plus de l'immigration, c'est du remplacement de la population.

On le voit et même on l'entend dans notre bonne ville de Québec. On dirait que l'Afrique et que la Musulmanie sont arrivées dans certains quartiers de la
   basse-ville.

Les mémés du désert avec tout le kit, voile et hideuse djellaba, en pleine canicule, qui vont promener la smala dans les parcs.

Leur fillette sera voilée à l'école parce que rien ne l'interdit.

La caissière du supermarché ou du dépanneur seront voilés.

"Cool, man, en quoi, cela te dérange?"

Les demandes de toutes sortes suivront. La liberté d'expression ne sera plus la même, les références culturelles ne sont plus les mêmes. Il y aura des ghettos,
   peut-être des phénomènes de bandes de rue.

Bref, il n'y a aucun problème avec l'immigration, sauf qu'à partir d'un certain nombre, vous vous sentirez étranger dans votre propre pays et votre propre

culture.

Le cinéma, c'est de la merde !

juillet 2018

Il y a encore des gens qui croient encore que le cinéma est un art. Parfois, il l'est, rarement. Le plus souvent, c'est un film de Lars Von Trier.

Le cinéma d'auteur semble du passé. Il est mort avec Kubrick ?

Il est mort avec la Nouvelle Vague, avec la mort des grands cinéastes italiens, et la venue du cinéma hollywoodien, le cinéma des grands spectacles et des

effets spéciaux.

C'est ce que le "monde" veut et c'est ce que le "monde" a.

Le cinéma d'auteur d'autrefois a été remplacé par le film de propagande, le film idéologique.

Certains diront que le cinéma a été toujours idéologique.

Peut-être, mais autrefois le cinéma même idéologique posait des questions, le nouveau cinéma idéologique arrive avec les réponses, les messages clé en main.

Un cinéma à gros messages, cousu de fil blanc du prêt-à-penser de notre époque : féminisme, anti-racisme, pro-LGBT, pro-immigrant, pro-métissage, de la

diversité. etc.

C'est particulièrement évident avec le cinéma britannique et le cinéma américain.

"Notes for a scandal" avce "Dame July Dench, Cate blanchet. Ah ! ces grandes actrices britanniques, rarement belles, parfois

jolies, souvent hors-standard.

Un film de femmes. Les acteurs ont des rôles secondaires. Un enfant atteint du syndrôme de down. Sortez vos mouchoirs. Quoi?

Vous n'êtes pas ouvert à la différence.

Scènes de nudité. Comme au Québec. C'est un mec. Le côté gay des British? Ou pour sortir du modèle de la femme objet (empowering).

La touche spéciale du cinéma québécois est le misérabilisme. Personnages mal dans leur peau. Enfants laissés à eux-mêmes.

Narcissisme et immaturité des adultes. Comme une chanson des Colocs, ou un film cynique de Denis Arcand.

La nouvelle note d'espoir, l'immigrant, le rédempteurr, paré de toutes les qualités. Illustraton de la merveilleuse diversité.

Pour résumer, la plupart des films sont devenus indigestes, sauf si vous laissez votre cerveau au vestiaire.

Fête nationale

mai 2018

Plutôt bien dormi. Nos élèves écrivent souvent plustôt, erreur d'usage en U d'après notre code.

Quand ils vont écrire avec des ordinateurs, Word va leur signaler les erreurs en rouge. Nous sommes de l'autre génération. Quand il était nécessaire d'apprendre
par coeur quelques notions.

La fonction crée l'usage.

Mais la langue française est un bien bel objet esthétique et non pas juste un véhicule pour l'information.

La langue maternelle est ce qu'il y a de plus profond. Pourquoi un spécialiste des langues ne sera jamais aussi bon qu'un enfant de deux ans dont la langue
maternelle est le français ou l'anglais, ou n'importe quelle langue?

Fête des Patriotes.

Québécois / Nous sommes Québécois / Le Québec saura faire / S'il ne se laisse pas faire ! (Chanson des Sinners qui devrait devenir l'hymne national!)

La géographie de la souveraineté

mai 2018

Quand on y pense, la souveraineté, c'était la prise de Montréal. De la même façon qu'un militaire va livrer la bataille de sa vie.

Pensons aux grands rassemblements au Centre Paul Sauvé, ou aux grandes manifs, aux conflits linguistiques, jusqu'à l'exode d'une partie des Anglophones.

La démographie, la génération québécoise du baby-boom, a permis ce combat jusqu'à une certaine date.

Jusqu'en 1995?

Ou la partie a été perdu en 1995? Il était déjà trop tard pour conquérir Montréal?

Quoi qu'il en soit, l'immigration a complètement changé la donne. Jusqu'à preuve du contraire, la souveraineté ne passera plus par Montréal.

Le centre du Québec, son coeur, n'y est plus.

Où est-il? Un peu à Québec, un peu en régions.

Montréal est à gauche. La ville de Québec est à droite.

La sensibilité de gauche du PQ ne lui fera jamais gagner la ville de Québec.

Les caciques du PQ ont toujours donnée l'impression d'être en visite dans la ville de Québec.

Ils y viennent parce que l'Assemblée nationale est le siège artificiel de l'État du Québec, ce qui en reste, et qu'ils doivent y être par devoir non par envie.

Si PKP est vraiment souverainiste, il pourrait créer une filiale de TVA à Québec. Se faire élire dans Taschereau.

Est-il trop tard pour recréer un centre qui lierait le coeur et la tête du Québec à Québec?

Qui vivra verra.

La ou les racailles du jour : Collection de criminels

mai 2018

12 mai 2018

Un agresseur récidiviste qui a attaqué ses victimes avec un Taser Gun a quitté le pénitencier avant la fin de sa peine, même s'il « présente les

caractéristiques d'un prédateur sexuel » et un risque de récidive élevé.

Ayant purgé les deux tiers de sa sentence, Sylvio Fortier

11 mai 2018 : Andrea Scoppa, un nom bien de chez nous !

Un chef mafieux accusé d'avoir utilisé deux condos de la Tour des Canadiens comme repaire pour un impressionnant trafic de cocaïne a obtenu l'arrêt des

procédures, ce vendredi.

J'inaugure une nouvelle chronique.

À partir d'aujourd'hui, je ferai la collecte photographique des criminels que le Journal de Montréal en ligne nous présente (en essayant de le faire tous les

jours)

Les faits divers sont bien mal nommés puisqu'ils sont le reflet répugnant de l'état de notre société et non pas des événements qu'il faudrait presque mettre de

côté par rapport à l'information sérieuse.

Les faits divers sont politiques.

C'est pourquoi la gauche française, dont l'émission de Ruquier est le symbole, s'est indignée quand Laurent Obertone a publié La France Orange mécanique, Paris,

Éditions Ring, coll. « Documents », 2013, 349 p.

On a préféré lui faire une sorte de procès où on s'interrogeait sur ses motivations profondes.

J'avais une première bâche de pourris, mais je recommence à zéro.

Aujourd'hui, 9 mai 2018, on trouve les Hells, notre racaille bien de souche, en partie.

Brunetti, Italien d'origine j'imagine. La mafia italienne s'est bien installée au Québec.

Maurice "Mom" Boucher

Salvatore Brunetti Sylvain Vachon

Gérard Gallant

Raymond Desfossés
Marceo Marques : crimes sexuels sur mineure, Montréal

Denis Savaria, Extorsion.
Michaël Ouellet, exhibitionnisme.

Pensées éparses d'un dimanche de printemps

mai 2018

Quelle est la différence entre Hubert Reeves et Stephen Hawking? Ce dernier était plus médiatique? Son histoire était plus commerciale et il parlait la langue

des maîtres.

Peut-être que les Québécois n'ont pas beaucoup de génie?

Il y a quelques pianistes virtuoses. Des peintres avec une cote internationale.

Pierre Demers, physicien inconnu qui a contribué, malgré lui, à la bombe nucléaire Hiroshima. Il a enseigné à Hubert Reeves.

Un peuple qui n'a pas été capable de choisir la liberté, il n'y a plus grand chose à en tirer. Il va se perdre dans le grand tout ethnique de l'Amérique

métissée de force. Elle n'est même pas métissée d'ailleurs puisque les "communautés" cohabitent et se tolèrent plus ou moins bien.

Peut-être qu'en octobre, le PQ sera rayé de la carte. Ce sera bien de sa faute. (Voir : Le PQ est nulle... part

https://jacquescartierlemarin.blogspot.ca/2018/05/ le-pq-est-nulle-part.html - Je m'autocite !)

Avec le gauchisme que Lisée professe, il ne rejoint ni Montréal, ni Québec.

Les Blokes vont se tordre de rire en écoutant les FrenchPeaSoups, les Frogs, les Pepsis, qui vont parler la langue des maîtres en petit nègre. Pour les nègres

blancs d'Amérique, c'est approprié. Gains souverainistes : zéro ! Gains caquistes : zéro !

Le PQ est nulle... part !

mai 2018

Le PQ de 1976 ressemblait à un parti suédois: de bons sociaux-démocrates c'est-à-dire des catholiques (croyants ou non), plutôt conservateurs, mais reconvertis

dans la version laïque de la charité universelle des programmes sociaux.

Cela se justifiait, sans doute, parce que le Québec n'avait pas encore atteint son plein potentiel, malgré la Révolution Tranquille.

Le PQ de 1976, qui avait de solides économistes en son sein (Parizeau, Landry), avait réussi à combiner la gauche économique et la gauche culturelle.

Le premier gouvernement Lévesque a représenté le sommet de cette génération qui avait eu accès aux études supérieures, la formation et l'excellence des cours

classiques.

Pour une fois, le Québec avait eu une élite qui a cherché à le mener vers la pleine liberté.

Cette élite n'a pas démérité, mais elle a mal lu, mal décodé le peuple, son peuple.

Le Non du référendum de 1980 a été la preuve que la symbiose ne s'est pas réalisée.

Une partie des baby-boomers, les fonctionnaires, les sympathisants des syndicats, les organismes communautaire, l'avait porté au pouvoir (l'extrême gauche était

demeuré fermé à ce parti "bourgeois").

Cependant, dès le deuxième mandat, l'idéal souverainiste ayant échoué, l'égoïste des intérêts à court terme a coupé le PQ de sa base de gauchistes syndiqués.

D'un point de vue populaire, si Lévesque a été un chef aimé, le parti n'avait pas la fibre populaire.

Le mélodrame des Yvettes, par exemple, exploité par les bourgeoises fédéralistes, a prouvé le hiatus entre la femme émancipée que voulait incarner Lise Payette

et la femme traditionnelle qui restait à la maison.

Le Québécois lambda n'écoutait pas Radio-Canada et ses Beaux Dimanches, il regardait le hockey. Et la chaîne préférée de sa femme était le canal 10 avec Réal

Giguère, Gilles Latulippe et Ti-Gus et Ti Mousse.

On retrouve aujourd'hui cette dichotomie profonde avec le discours anti-artistes des animateurs de la radio de la ville de Québec qui sévissent depuis André

Arthur, l'anti-PQ primaire qui, depuis, a fait des émules : Jeff Fillion, Jérôme et les autres...

En résumé, le PQ s'est retrouvé après 1984, coupé de la gauche économique (syndicalistes et représentants des mouvements communautaires ont pris la voie du

gauchisme sociétale (QS)) et séparé du Québec populaire l'ayant suivi pendant un temps grâce à René Lévesque.

(Encore faudrait-il ne pas en rajouter dans cette admiration rétrospective de René Lévesque par le peuple. Certains Québécois sont ingrats. On pourrait en dire

autant de l'admiration de Félix Leclerc qui ne remplissait pas les salles vers la fin de sa carrière.)

Mais où est le PQ de nos jours?

Il n'est plus à Montréal, l'ancienne ville québécoise, où on remplace la populatuion d'année en année.

À Montréal, l'anti-québécoise, règne le couple libéral-libertaire représenté par le PLQ, choisi par les allophones et les Anglophones, et ses idiots utiles de

QS, dont les bobos chérissent l'idéal du cosmopolitisme désincarné et dénationalisé.

Il n'est plus dans la ville de Québec non plus, et de moins en moins : peut-être parce qu'elle est une ville de fonctionnaires, incapable de s'élever au niveau

de la nation, concentrée sur la mesquinerie de ses besoins individualistes.

Québec demeure un mystère. Elle est à la fois identitaire (critique de l'islam) et anti-Québécoise, affichant un mépris malsain de son Histoire et de ses

origines.

Peut-être que les habitants de la ville de Québec ont toujours perçu les membres de l'Assemblée nationale (siège de la nation en devenir que Québec a récupéré

de Montréal) comme des étrangers venant de la traditionnelle ville de snobs montréalais, la ville qui les colonise depuis des décennies par sa télé et ses

auto-références, avec l'élitisme de ses artistes (artistes subventionnés, d'après les disciples d'Arthur ou de Fillion), la métropole qui voit la capitale

comme un village.

Concrètement, les députés du PQ sont élus en périphérie des grandes villes et dans les régions.

Idéologiquement, le PQ s'obstine à se situer à gauche : écolo, pour plaire aux jeunes; féministe, pour plaire aux femmes qui votent pour le PLQ ou pour QS;

multiculturaliste pour plaire aux journalistes et aux allophones qui l'ignorent presque totalement; pro-immigration pour ne pas passer pour raciste.

Le PQ a perdu la guerre de Montréal.

Montréal est perdue. Montréal a abandonné le PQ depuis longtemps (peut-être même qu'elle a abandonné le Québec), mais le PQ s'obstine à vouloir séduire son

électorat et à vouloir plaire à ses médias biaisés.

Le PQ a perdu Montréal et, avec son orientation gauchiste, il ne percera jamais dans la ville de Québec.

Le pays avant le parti, disait Bernard Landry. L'avenir nous dira si sans l'un, l'autre peut survivre.

Jean de Brébeuf, ouvert à la diversité qui l'a torturé !

mai 2018

Vous vous rendez compte ! Le type est sympa comme tout. Il est vraiment ouvert à la culture

amérindienne. Ouvert à la diversité, dirait-on aujourd'hui.

Il apprend la langue et la culture des Amérindiens.

Et pour le remercier, ceux-ci n'hésitent pas à le torturer de façon ignoble.

Il y a des limites au relativisme culturel !

Mais les Français ont toujours eu cet esprit universel. On peut penser à Claude Lévis-Strauss.

Si seulement l'Amérique était resté Française, le monde serait bien différent.

Évidemment, à quoi bon spéculer.

Le monde anglo-saxon a aussi ses qualités, évidemment.

De Wikipédia :

Brébeuf, fondateur de mission jésuite et mystique, est par ailleurs un ethnographe et un écrivain. Ses écrits dont plusieurs sont perdus comprennent un

dictionnaire, une grammaire, et deux textes hurons.

Brébeuf contribua de précieuses données à l'ethnographie amérindienne. Ayant vécu quinze ans chez les Hurons, il connut intimement leurs mœurs et leurs

coutumes. Brébeuf décrit les Hurons au moment du contact avec les Européens, avant que ceux-ci ne soient presque anéantis par des épidémies, des guerres et des

massacres.

Décès

scène du martyre par Bressani(1657).

Plaque de plomb Jean de Brébeuf 1649, dessin

Plaque de plomb Jean de Brébeuf 1649, photo

Le 16 mars 1649, il est capturé au cours d'une attaque. Il préfère demeurer avec ses fidèles au lieu de prendre la fuite. Il est traîné au village huron de

Saint-Ignace où il est accueilli par une pluie de pierres, bastonné et lié au poteau de torture. On lui verse de l'eau bouillante sur la tête dans une parodie

de baptême, on lui passe autour du cou un collier de cognées de tomahawks chauffées à blanc et on lui enfonce un fer rouge dans la gorge et dans l'anus. Il est

brûlé vif et son corps est lacéré à coups de couteaux. Après sa mort, son cœur est arraché et mangé.

Les Écrits en Huronie mentionnent qu'il était de coutume pour les Iroquois de tuer immédiatement la victime si elle se mettait à pleurer ou à crier. Le rituel

de manger le cœur était leur façon de s'approprier la force de l'ennemi, et indiquerait qu'à aucun moment, Jean de Brébeuf n'a succombé à la souffrance.

En 1954, au cours d'excavations au site de Sainte-Marie-au-pays-des-Hurons, le Père Denis Hegarty SJ, l'un des pères au service du sanctuaire, découvrit une

plaque de plomb dans la chapelle des indiens. L'inscription se lit : Père Jean de Brebeuf bruslé par les Iroquois le 17 de mars l'an 1649.

Les femmes en politique !

Les femmes sont nulles en politique ! Les hommes aussi ! Je vous rassure !

Pour la bonne raison qu'ils se sont mis, depuis quelques décennies, au féminisme et qu'ils sont devenus incapables de s'opposer à leur grosse maman toute-puissante.

On se demande pourquoi les femmes tiennent tant à la parité puisque cela ne fait aucune différence.

D'une part, on le constate avec une femmelette comme Justin Trudeau qui prétend proposer un programme féministe. C'est vrai en partie, les Libérastes étant les

pires tordus du système politique et veillant à la progression de leur intérêt capitaliste, ils arrivent à présenter une façade de progressisme à saveur

féministe.

Trudeau se présente comme féministe mais il vend des armes à l'Arabie Saoudite ! Son cerveau de colibri arrivant à faire coïncider les deux propositions.

D'autre part, homme ou femme, cela ne fait aucune différence, car, en principe, en démocratie un député ou une députée doit représenter tous ses électeurs,

hommes ou femmes.

La parité elle est née quand les femmes ont obtenu le droit de vote. Depuis, cela va de mal en pis !

Il y a une vidéo célèbre (pour ceux qui connaissent) sur YouTube de Black Pigeons Speaks.

Il doit y dire quelques vérités dérangeantes étant donnée que YouTube l'a censurée !

https://youtu.be/UxpVwBzFAkw

Le titre était "Pourquoi les femmes détruisent les nations".

En gros, elles transforment l'État en État socialiste, ne pensent qu'à leur intérêts de lobbyistes, sont incapables de penser au bien commun, n'ont aucune

solidarité avec leurs hommes qu'elles transforment en lopettes par intimidation idéologique, amènent des théories délirantes comme celles du genre. De plus,

elles ont un esprit totalitaire, ne laissant rien passer, censurant, castrant toutes pensées dissidentes ou, au contraire, étant parfois d'une incroyable

complaisance avec les minorités (avec l'islam, par exemple).

Les résultats du pouvoir féminin à la sauce féministe, nous les voyons en Suède, précurseur de cette idéologie maniaque et totalitaire, et en Allemagne avec la

folle à Merkel qui a pratiquement

assassiné sa civilisation avec l'accueil de ces primitifs du tiers-monde.

Ici, au Québec, si les femmes avaient obtenu le droit de vote en 1981, nous serions aujourd'hui un État souverain. Je vous réfère à mon texte "Le Québec est une

Yvette" : https://jacquescartierlemarin.blogspot.ca/2018/03/le-quebec-est-une-yvette.html

Depuis, une majorité d'entre elles votent pour le PLQ, parti mortifère pour le Québec. Dans l'avenir, elles vont probablement voter QS. Elles voteront pour

leurs intérêts et non pour la collectivité, le bien commun.

Les femmes peuvent être de bonnes gestionnaires. Elles y mettent le même soin que lorsqu'elles font le ménage. On dit qu'elles ont davantage le sens des détails

(c'est ce que me disait la femme de ma vie! M'épargant les tâches ménagères!).

Être gestionnaire ne vous transforme pas en femme d'État. Néanmoins, il y en a eu quelques-unes telles Indira Gandhi, Golda Meir, Margareth Thatcher. Les trois

ont toutes un côté implacable et sans coeur. C'est comme si les femmes politiques n'avaient aucun sens de la mesure.

En conclusion, malgré la teneur de ce texte que certains pourraient juger sexiste, les hommes ne sont plus vraiment à la hauteur non plus parce que, comme je

l'écrivais, ils ont été complètement modelés par leur mère féministe ou matriarcale.

Je ne préconise pas le retour du patriarcat (je ne crois pas à ce concept du féminisme, je ne crois pas au féminisme tout court!). Cependant, il me semble qu'il

devrait exister un monde médian entre les sociétés machistes comme celles des pays islamistes et les sociétés féministes des pays occidentaux.

Dany Laferrière, en visite dans les colonies

avril 2018

Le grand écrivain, qui appartient maintenant à l'élite mondialisée, celle pour qui les pays sont des hôtels, comme l'a conceptualisé Jacques Attali, a daigné

rendre visite à une de ces anciennes demeures (après Miami, Paris, mais surtout pas Haïti!), la colonie canadienne du Québec, celle qui l'a mis au monde comme

écrivain, même si chaque individu a les mérites qui

lui reviennent évidemment.

Bon, ce n'était pas totalement désintéressé puisqu'il venait faire la promotion de son trentième ouvrage qui enchante déjà les critiques et les non-critiques, à

tort ou à raison.

Espérons que son livre n'est pas aussi bâclé que "Tout bouge autour de moi", écrit dans l'urgence de sa fuite du paradis imaginé, le passeport canadien autour

du cou.

(Que restera-t-il de son oeuvre? Honnêtement, on ne sait jamais à l'avance ce qu'il reste d'une oeuvre littéraire.)

Pour l'animateur de Tout le monde en parle, c'est son invité préféré. Parce qu'il est Noir? Mais non ! méchante langue !

Il aime aussi Kim Thuy, Boucar Diouf.

Allez, que je te glisse quelques mots en créole.

Les Québécois ont tellement peur de passer pour racistes qu'ils en rajoutent. Le moindre artiste issu d'une minorité devient le plus grand génie que la terre

ait portée.

Ceux qui ont connu le Tout le Monde en parle d'Ardisson ne peuvent qu'être déçus de la version québécoise. C'est comme si soudainement on perdait dix points de

QI.

Il faut dire que les Français pratiquent l'art de la conversation de salon depuis des siècles, celui-ci ayant atteint des sommets à l'époque de Louis XIV et

s'étant poursuivi chez quelques comtesses qui animaient des dîners et des soupers, jusqu'aux salons parisiens...

Mais qu'est-ce que les Québécois ont à rire bêtement à la moindre niaiserie ? Comme s'ils étaient subjugués par une pensée qui les dépasse, tout à l'affût d'une

brèche pour exprimer une bêtasse émotion.

Ou ne sachant quoi dire, comme Marc Dupré, étranglé par l'admiration qu'il voue au grand homme. Il était tout content que celui-ci lui donne... un livre!

En plus, il y a des images !

- Mais oui, je te le signerai, plus tard, petit, a consenti l'Académicien.

Le grand écrivain devait écrire une lettre d'amour au Québec. Elle attendra, j'imagine. On cherche chez lui l'ombre d'une affection pour son ancienne patrie

d'adoption, ou suis-je injuste ne connaissant pas toutes ses interventions?

Il appartient à ces célébrités qui se sont servis du Québec tel un marchepied vers la renommée. Grand bien leur fasse !

On peut en faire une mini-liste.

Bien sûr, il y a sa compatriote, la princesse Michaëlle Jean devenue reine par procuration et, depuis, menant grand train aux frais des contribuables de tous

les pays. (Est-ce une caractéristique haïtienne d'aimer les honneurs?)

Gad Elmaheh qui est resté le temps de décrocher la nationalité canadienne (maintenant distribuée dans les boîtes de Corn Flakes. Ou présentez-vous à la

frontière.), une nationalité de plus ou une de moins ; il est du Maroc, je crois, et vit en France.

Cette autre humoriste du Maroc, qui après vingt ans, a eu l'impression d'avoir tout retiré de sa relation avec les Québécois. L'amour éteint rend les cœurs

cruels et la séparation sèche et brutale.

Comment présente-t-on Dany Laferrière en France? Un Québécois d'origine haïtienne. Un Haïtien qui a vécu au Québec et qui vit maintenant à Paris?

Et notre maître de la plume de remarquer que le pays d'un écrivain est sa langue.

Ne rend-il pas le plus grand service à sa patrie en l'honorant par son talent littéraire?

Et Borges, ah ! Borges !

J'aime aussi la littérature mais je n'en fais pas une religion dans laquelle on se drape pour échapper à toutes les vicissitudes affectant le menu peuple des

non-Immortels !

Quand rentrera-t-il à Haïti?

Ça le regarde.

N'est-ce pas la preuve que le colonialisme français avait du bon? La France a créé Haïti (comme l'Algérie), son système scolaire était si bon que deux cents ans

plus tard, les élites haïtiennes parlent un bon français avec un accent presque international.

Par paradoxe, ceux qui s'en sont libérés y retournent pour recevoir les honneurs de ses institutions.

(Pour devenir Académicien, notre Balzac créole a écrit à tous les Immortels. Soit il ne manque pas d'ambition, soit il est assez pute, pourrait-on dire, c'est

selon.)

Mais la France a été une mauvaise colonisatrice parce que les Français aiment et aimaient avant tout leur patrie : après un temps, elle a abandonné ou fuit ses

colonies (bien qu'il reste quelques territoires).

Pour chaque individu, peu importe sa nationalité, cela devrait être le cas.

https://ici.radio-canada.ca/tele/tout-le-monde-en-parle/site/segments/entrevue/68650/dany-laferriere-ecrivain-auteur-dessin-paris-academie

L'immigration va tuer le Québec

avril 2018

La démographie, c'est le destin ». Auguste Comte, philosophe français, 1798-1857.

L'immigration est en train de mettre en pratique le Rapport de Lord Durham : nous assimiler, nous

noyer dans les communautés qui se multiplient de façon quasi exponentielle.

Ce plan génocidaire, ou pour être plus juste, ce plan qui vise à l'ethnocide du peuple québécois, ne

date pas de 1995 ou des années 70, quoi qu'on ait vu des changements significatifs durant ces années,

en particulier la décision d'ouvrir la porte à des peuples non-européens de culture non-occidentale

avec tous les problèmes que l'on constate chaque semaine.

Après la défaite des Patriotes de 1837-1838, l'exil des Québécois aux États-Unis a commencé.

Vraisemblablement, cette défaite a eu l'effet démoralisant en plus de les appauvrir davantage.

On estime que c'est au moins quatre millions de descendants que le Québec a perdu.

(http://www.cslf.gouv.qc.ca/bibliotheque-virtuelle/publication-html/?tx_iggcpplus_pi4%5bfile%5d=publications/pubd101/d101ch1.html#table)

Certains sont revenus et d'autres peuples ont immigré au Québec parce qu'il y a toujours plus pauvres

que soi. Ce fut le cas des Irlandais. Beaucoup plus tard, ce sera des Italiens, des Français...

Si ceux-ci restaient communautaires, en partie, leur intégration se faisait quand même parce que les

francophones étaient majoritaires.

Malgré tout, beaucoup d'entre eux n'ont jamais adhéré au projet souverainiste québécois : c'est le

"vote ethnique" de Jacques Parizeau , encore plus prononcé quand l'immigrant a choisi l'anglais (les

Grecs par exemple).

En gros, tous ceux qui ne sont pas d'origine française n'ont jamais pleinement embrassé le projet

souverainiste (l'exception doit toucher de 7% à 10% de l'électorat) : les Autochtones, les immigrants,

les minorités historiques.

Avec l'immigration des pays non-européens et le rapatriement de la Constitution en 1982,

l'intégration des immigrants est devenue presque impossible.

Comme le disait De Gaulle : "On peut intégrer des individus; et encore dans une certaine mesure

seulement. On n'intègre pas des peuples, avec leur passé, leurs traditions, leurs souvenirs communs

de batailles gagnées ou perdues, leurs héros." (http://jean.delisle.over-blog.com/article-charles-de-

gaulle-citations-58676099.html)

Maintenant, au moment où j'écris, les envahisseurs entrent illégalement à la frontière et le gros épais

de Canada les reçoit à bras ouvert. Beaucoup viennent du Nigéria, le pays de la secte islamiste de

Boko Haram. La langue officielle du Nigéria est l'anglais. Niveau moyen du QI : 69

(https://www.intelligence-humaine.com/ qi-par-pays-et-economie/).

Ils viennent de pays de merde (de "shit holes", aurait dit Trump), dysfonctionnels, et ils vont

importer tous leurs problèmes au Québec, nous traiter de raciste dans deux ans et voter pour le PLQ dans trois.

Ce n'est pas que les Québécois aient toutes les qualités du monde, mais nos ancêtres avaient bûché

dur pour créer une société avancée, pour créer une société dont les enfants pouvaient espérer une vie

plus facile.

L'immigration va amener une montée de l'insécurité. C'est déjà le cas dans certains quartiers de

Montréal. J'aimerais bien connaître le vrai taux de criminalité.

Quand vous lises "faits divers" dans un journal, ce ne sont pas des choses légères et sans

importance: ce sont des filles qui se font exploiter par des proxénètes ; d'honnêtes citoyens qui se font

voler quand les bandits ne vont pas jusqu'à s'introduire dans les domiciles. Il y a au moins une

tentative de meurtre par arme blanche à toutes les semaines à Montréal.

Avec la Constitution de 1982, le Québec est devenu une mosaïque de communautés qui cohabitent au

mieux, ou qui se détestent au pire.

On fera une moyenne et les niveaux intellectuel, culturel, ne seront probablement pas très élevés.

Dernièrement, on apprenait que les Anglophones quittaient le Québec en plus grand nombre. C'est le

phénomène du "White Flight" (https://www.youtube.com/watch?v=HNhF0TbZhyM). Nos ennemis

historiques, les WASPs (White Anglo-Saxon Protestant), les inventeurs du nettoyage ethnique (les

Acadiens) et des camps de concentration (réserves amérindiennes, réserves des Boers, des Japonais

durant la guerre) détestent encore plus les minorités ethniques que nous !

Même eux sentent bien qu'il y a quelque chose qui tourne pas rond dans ce multiculturalisme que les

"élites" libérales-libertaires à la Trudeau essaient d'imposer.

"La démographie, c'est le destin" et avec une société éclatée de peuples inférieurs à plusieurs

niveaux le Québec va rester l'État le plus pauvre du Canada.

Puisse la minorité ethnique des Français organise une forme de résistance devant ce tsunami

démographique qui va les submerger, sinon ce sera notre ethnocide ou une survivance folklorique !

(Clip en anglais sur l'immigration de masse : https://www.youtube.com/watch?v=pQqrriw87dE)

Le cinéma québécois

avril 2018

Ça vient de sortir, La Bolduc.

L'histoire de La Bolduc jouée par une actrice qui est aussi biculturelle. N'est-ce pas une belle

illustration du multiculturalisme canadien?

Je ne doute pas que le réalisateur n'a eu aucun mal à obtenir du financement des différents organismes

qui refusaient à Falardeau des subventions...

Ai-je envie d'aller voir ce film ou simplement de le voir quand il sera disponible à la télé?

Pas vraiment ! Mais je n'avais pas envie de regarder le biopic, comme on dit aujourd'hui, de

Maurice Richard. J'avais tort parce que c'est un bon film, un film instructif sur cette période de

l'histoire du Québec.

Peut-être que La Bolduc est un excellent film qui va se rendre jusqu'aux Oscars. Qui sait ?

Un bon film, c'est un bon film.

Mais, je ne sais pas, un film d'époque, avec une actrice qui est grosse... je sais que maintenant il

faut trouver que les grosses sont sexy, c'est un ordre !

On va aussi au cinéma pour rêver.

C'est peut-être le problème du cinéma québécois. On a l'impression qu'il nous met toujours

le nez dans notre caca.

C'est une tendance qui est internationale. Les films d'aujourd'hui sont rarement des oeuvres

d'auteur.

Sans doute, sommes-nous devenus paresseux comme spectateurs.

Peut-être que la meilleure période du cinéma québécois a été la période cul ?

Les Deux femmes en Or, et les Après Ski ; les films de Gilles Carles étaient plus sérieux, cependant

la troublante Carole Laure avait un je-ne-sais-quoi...

Je doute que nous revenions à ces temps ludiques.

La meilleure chose qui pourrait arriver au cinéma québécois est qu'il se libère de ce système

de subventions et qu'une jeune génération réalise des films qui seraient le reflet d'aujourd'hui.

Toutefois, il en va du cinéma comme de la vie politique québécoise: les changements

démographiques ne favorisent pas une forme d'art qui serait le miroir d'une collectivité

unifiée par les mêmes mythes, le Québec est devenu, en partie, une nation divisée entre Montréal

et le reste du Québec.

(Photo : Jane Fonda.)

Mountreehall, ancienne ville québécoise connue sous le nom de Montréal

mars 2018

Montréal était une ville fondée et colonisée par les Français en 1642 par Paul de Chomedey, sieur de
Maisonneuve.

Elle a été purement francophone jusqu'à la conquête anglaise. Elle a même été la capitale du Canada.

C'était avant que les Anglais brûlent le Parlement parce qu'on voulait "indemniser les habitants du
Bas-Canada dont les propriétés avaient été endommagées ou détruites en 1837-1838.

Les anglophones de Montréal n'ont-ils jamais travaillé que pour leurs intérêts?

Sans doute sont-ils pour quelque chose dans le dynamisme économique de la ville, mais qui

fournissait la main-d'oeuvre si ce n'était les "nègres blancs d'Amérique"? ; et quand une partie d'entre

eux se sont exilés aux États-Unis, ce sont les immigrants qui sont venus pour fournir le "cheap labor"

et contribuer à l'ethnocide de l'ethnie québécoise qui continue aujourd'hui.

L'émeute du Forum en 1955, à la suite de la suspension du patriote Maurice Richard, a été le premier

signe du réveil québécois qui allait s'amplifier jusqu'à devenir révolution, une Révolution tranquille.

Le Montréal des années soixante, on ne peut que l'imaginer si on ne l'a pas vécu, devait être une

ville fantastique qui vibrait du dynamisme culturel et politique que les Québécois incarnaient et ont

presque toujours incarné dans le Canada Wasp endormi.

L'Expo Universel de 1967, les Jeux Olympiques, le métro, le Stade Olympique, le maire Drapeau.

Montréal c'était La petite Patrie de Claude Jasmin, les Belles-Soeurs de Michel Tremblay, Quelle belle

Famille de Janette Bertrand, Gilles Carle et la troublante Carole Laure, le cinéma québécois, Charlebois

et son rock métissé par la chanson française, puis Beau Dommage, Harmonium et Offenbach, les fêtes de la Saint-Jean, la victoire du PQ ; les défaites référendaires de 1980 et de 1995 suivies du déclin qui

se poursuit jusqu'ici.

Un déclin démographique accéléré par l'immigration de remplacement dont le but est de minorer la

présence de l'ethnie québécoise et de lui faire perdre toute influence sur la vie politique de l'ancienne

métropole du Canada.

Les francophones sont maintenant minoritaires et les quartiers s'ethnicisent.

Montréal devenue Mountreehall va devenir une ville de ghettos communautaires. Certains sont déjà

connus pour leurs gangs de toutes origines et sont devenus infréquentables.

Mountreehall va devenir un nouveau Détroit : une ville d'assistés, de sans-abris et de quêteurs.

Catherine Pogonat aura beau agiter ses gambettes maigrichonnes dans sa ville fantasmée, elle ne

pourra plus aller se promener dans certains quartiers à partir d'une certaine heure.

Mais qu'importe, les bobos de la minorité francophone qui vivent dans leur enclave folklorique vont

continuer pendant un temps à donner l'illusion que la ville est dynamique et qu'il fait bon vivre dans

le multiculturalisme, entre deux restaurants exotiques de pacotille conseillés par Anne-Marie Wittenshaw.

Quand les émeutes de quartiers commenceront, quand les autos seront brûlées le jour de la Saint-

Sylvestre, ils continueront de célébrer leur ville-monde, leur État dans l'État, leur faux paradis multiculturaliste "racisé" et "genré".

Quand Mountreehall sera devenu la ville des minorités qui contrôlent le Québec avec leur parti de

mafieux (tel Saddam Hussein en Irak), ils s'agiteront encore pendant un temps comme des vers sur le

cadavre de Maisonneuve, puis ils disparaîtront pour devenir une note en bas de page d'un livre

d'Histoire que nos descendants n'écriront pas et ne liront qu'en anglais (ou en arabe?).

Différence entre les hommes et les femmes quant à l'évolution du sentiment amoureux

mars 2018

Ou pourquoi les histoires d'amour finissent mal en général.

Au début, c'est le sommet : il est beau, elle est belle. Pour lui, sa peau est douce comme du sable chaud. Pour elle, il n'a que des qualités, c'est lui

qu'elle attendait.

Si les hommes ont tendance à s'installer dans la relation ; les femmes ont plutôt tendance à vouloir qu'elle reste à un niveau élevé.

Pour les hommes, l'amour est un acquis qui le rend heureux. Ils ont l'impression d'y travailler tous les jours, et tombent des nues quand les prémices du

divorce arrivent sur la table.

Les femmes voudraient que les promesses du début ne soient jamais brisées, elles restent au niveau de l'idéalisme. Elles sont souvent déçues par des agissements

qui ne sont qu'un détail pour les hommes.

Chez les hommes : 10

9

8 8 8 8 8

7 7 7

Chez les femmes : 10

9 9 9 9 9

8 8 8

7 7

6

5
0 0 0 0
-0 -0

Les quatre grandes composantes de la vie

mars 2018

Elles sont quatre mais elles elles se divisent par deux en primaire et secondaire.

Les deux primaires sont la création et la procréation.

Les deux secondaires sont des corollaires des deux primaires, ce sont des instances adjuvantes.

Les deux secondaires sont la communication et la maintenance.

Chaque élément entretien des liens avec les autres. La création aide à la maintenance, par exemple.

La communication est le liant de toutes ses parties, mais, en soi, elle débouche sur les composantes primaires.

À la base, il n'y a que la procréation. Les cerveaux évoluant vers des formes plus élaborées créent aussi les formes de civilité qui mènent... aux bas résille,

par exemple, et à l'amour courtois.

De la même façon, Jamie Lee Curtis peut être considérée comme une des grandes conquêtes de l'évolution humaine.

San Andreas, le film : Le Chevalier Blanc… mais Noir… mais pas trop Noir quand même!

mars 2018

Je vais jouer à être Anita Sarkeesian, c'est-à-dire faire l'analyse plus ou moins superficielle d'un film superficiel

comme si l'avenir du monde en dépendait.

Peut-être pourrait-on me subventionner comme elle? Cela a bien fonctionné pour la spécialiste improvisée des jeux vidéos auxquels elle ne jouait pas.

Donc, il s'agit du film San Andreas, un film catastrophe.
(Merci Wikipédia!)

San Andreas est un film catastrophe américain, en relief, réalisé par Brad Peyton sorti en 2015. Avec Dwayne Johnson, Carla Gugino et Alexandra Daddario, il met

en scène une famille face aux événements dévastateurs qui touchent Los Angeles et San Francisco, causés par l'ouverture de la faille de San Andreas.

Depuis Spielberg et le Woody Allen des années 80, le cinéma américain se croit obligé d'en faire des masses avec la psychologie des personnages.

Dans ce film, on mélange une histoire de divorce avec des scènes spectaculaires de catastrophe.

Le niveau psychologique est du niveau d'un conseiller matrimonial d'un couple en divorce.

Ce film mélange deux trames : l'histoire déguisée d'O. J. Simpson et le rôle de bête de somme de l'homme contemporain, qui risque sa vie pour secourir la femme,

perfection de la nature.

Dans la première séquence, une bimbo blonde conduit d'une main au versant d'une montagne, un vrai danger public. On anticipe qu'elle aura un accident avec

l'auto qui vient dans la direction opposée, mais c'est plutôt une avalanche de rochers qui précipitent sa voiture dans un ravin.

Les héros arrivent dans un hélicoptère. Une journaliste interviewe deux vétérans de l'Afghanistan et elle note : "Mignons mais pas intelligents". Fausse

condescendance intellectuelle de la journaliste qui se prend pour une intellectuelle et aucun respect pour ses hommes ayant risqué leur vie au combat pour leur

pays : USA! USA!

Donc, cette fois-ci, ils risquent leur vie pour l'autre idiote de blonde coincée dans son auto en équilibre précaire qui sera précipité dans le ravin.

Séquence post-sauvetage, le Noir... pas trop Noir quand même, discute avec sa fille qui a un corps de rêve, et on apprend peu à peu qu'il va divorcer de son

épouse qui l'a lâché pour un riche architecte. Elle habite maintenant avec sa fille une maison de millionnaire avec son millionnaire (mais elle n'est pas avec

lui pour l'argent, car elle aime encore son ancien époux ; mais c'est sa faute depuis que son autre fille est morte par accident et il se sent coupable, donc il

s'est renfermé...)

(Photo : Alexandra Daddario. Le body !)

Tremblement de terre... je passe quelques péripéties. Le riche architecte est tué par la catastrophe jouant le rôle d.O.J. Simpson par intervention divine. Le

O.J. Simpson, d'avant les accusations de meurtre, est "blanchi" et redevenir le O.J. qu'on admirait.

La fille est secourue par un jeune ingénieur prometteur qui devrait assurer un bon niveau de vie à la fille au corps de rêve.

Ensuite, le Noir pas trop Noir secourt (drôle de verbe) sa femme blanche, puis sa fille, qui elle-même aide l'ingénieur parce qu'elle est très brillante.

Depuis quand le marxisme culturel modèle tous les films américains ?

On peut résumer les différents thèmes qui reviennent presque toujours dans le cinéma américain (le cinéma occidental en général) : l'homme est interchangeable ;

il est là pour assister la femme ; celle-ci est aussi brillante que les hommes (c'est un film!) tout en ayant un corps de rêve s'il le faut ; l'homme des

minorités est meilleur que l'homme Blanc qui est forcément le méchant.

Bon, je pourrais raffiner mon analyse, mais pour cela j'aurais besoin d'une subvention dans les six chiffres...

L'École des fans de 2015

mars 2018

... Sous vos applaudissements et vos yodels.

- Comment tu t'appelles?

- Mohammed.

- C'est un joli prénom. De plus en plus usité dans notre belle France.

Et avec qui es-tu venu, Mohammed?

- Avec ma maman.

- Laisse-moi deviner, c'est celle avec le niqab noir ou le bleu?

- Le noir... elle a aussi... elle a aussi... la ceinture explosive et le drapeau de l'État islamique.

- Comme c'est mignon! Cela va vous va à ravir, Madame.

Et ton papa?

- Il est parti en Syrie combattre les mécréants, par Allah.

- Parce qu'il faut bien gagner sa vie malgré les allocations. Hommage aux papas!

Et que vas-tu nous chanter, Mohammed?

- "J'encule ta race de mécréants", par Allah!

- Et c'est de qui?

- Abdoul BadingBadang.

- Alors voici "J'encule ta race de mécréants", par Abdoul BadingBadang.

Sous vos applaudissements et vos yodels...

Penser la question autochtone

mars 2018

Ou penser au-dessus de ses moyens ?

C'est-à-dire ce que je fais ici ! Nous ne sommes pas tous nés avec un cerveau à la Onfray !

Si au Québéc, nous avons quelques pointures comme Mathieu Bock-Côté, il me semble qu'il manque

des penseurs, des essayistes, pour aborder certains sujets.

J'aimerais beaucoup qu'il existe un Bernard Lugan québécois.

Bernard Lugan est un historien français de l'Afrique. Il est né en Afrique.

Malgré sa blancheur, il se permet de dire ses quatre vérités aux penseurs Africains qui, selon

lui, ont été formés par des marxistes et qui ramènent tout au colonialisme.

C'est pour quand un historien québécois qui nous donnerait une telle perspective sur notre

histoire?

Bien sûr, nous avons des historiens, comme Denis Vaugeois, ou des anthropologues comme Serge

Bouchard, mais ont-ils une approche critique de leurs objets d'études ou sont-ils sont engoncés

dans la rectitude politique de gauche comme beaucoup d'intellectuels au Québec?

Par conséquent, il existe un angle mort de l'analyse politique, celui des Autochtones.

On laisse cette question à des chroniqueurs qui abordent prestement la question sans donner

une vision globale et historique.

Parfois, perce le dépit ou la rancoeur (https://vigile.quebec/articles/les-autochtones-ne-se-feront-pastuer-pour-le-canada-anglais).

Cela dit, un écrit polémique n'est pas forcément mensonger. Je pense à "Oka : dernier alibi

du Canada anglais", écrit par Robin Philpot.

Chez les souverainistes, quand René Lévesque dirigeait le PQ, on a réglé la question, en partie par

conviction et en partie par culpabilité coloniale, en leur accordant le statut de nations. Certains diront

que nous n'avions rien à leur accorder puisqu'ils constituaient des sociétés organisées bien avant

l'arrivée des Européens.

C'est bien le paradoxe de la question.

L'arrivée des Français n'a-t-il pas créé tout ce qui n'existait pas au sens où on l'Europe l'entendait :

soit une nation avec le droit qui en découlait ?

L'organisation sociétale des Autochtones ressemblait beaucoup à ce qu'on trouvait en Afrique :

des tribus, nomades, qui formaient des alliances, ou qui guerroyaient. Les guerriers prenaient des

otages qui devenaient membres de la tribu.

(La vie des Inuits étaient probablement différente.)

Le parti souverainiste espérait sans doute recréer cette alliance des Français et des

Autochtones (à l'exception des Iroquois alliés aux Anglais).

On a plutôt vu des communautés fermées à l'idée de l'indépendance et qui ont utilisé le

mouvement québécois pour faire avancer leur cause.

Il y a toujours une grande naïveté des souverainistes sur cette question.

Ne doutons pas que si le Québec devenait un jour indépendant, les revendications territoriales des Autochtones seraient à l'avant-plan et sur la scène internationale.

Je ne parierais pas surla direction que prendrait la sympathie internationale. Le mythe du bon

Indien qui a été spolié par les méchants Blancs est encore très présent dans l'imaginaire.

Certains diraient que c'est de bonne guerre, que les Autochtones ont les mêmes aspirations que

les Québécois.

Onze nations, cinquante nations. Des nations dans la nation.

Des individus qui n'ont pas les mêmes droits sur un même territoire.

Le Canada, qui est aussi coincé que le Québec par la repentance bien-pensante, est devenu une

maison de fous.

Pour ne pas avoir voulu donner de statut spécial et pour annihiler toute volonté souverainiste au

Québec, en 1982, on a octroyé le statut de nation à cinquante nations.

Depuis, la grenouille se fait aussi grosse que le boeuf.

Allez donc revenir sur des droits donnés!

Peut-être qu'il le faudra bien un jour quand les Québécois vont se rendre compte qu'ils sont

des citoyens de troisième zone et qu'ils travaillent pour faire vivre une sorte d'aristocratie qui vit de

l'usufruit de sa terre.

Tout ça pour dire que le Québec aurait besoin d'un Bernard Lugan pour analyser cette problématique.

(Photo : lieu historique national Cartier-Brébeuf.)

Le Québec est une Yvette

mars 2018

Image de l'Histoire du Québec.

René Lévesque au centre Paul-Sauvé, devant lui, quelques micros. Derrière lui, sa femme et Lise

Payette, la gaffeuse historique.

Voici qui représentera le paradigme nouveau pour le Québec qui suivra l'après échec référendaire :

deux femmes pour un homme !

L'échec du référendum était en vérité la victoire du féminisme : le féminisme de droite des Yvettes,

une alliance circonstancielle de bourgeoises qui ont représenté le Québec des femmes traditionnelles;

celui de gauche, plus progressiste en apparence, mais sexo-centrée avant tout.

Les femmes qui ont porté le mouvement des Yvettes étaient des femmes de carrière.

De la même façon, les grandes figures du féminisme québécois comme Janette Bertrand et Lise

Payette, sont des femmes dont la carrière a été brillante.

Les féministes qui s'agitent encore aujourd'hui sont des petites bourgeoises subventionnées ou

enseignant les sciences subjectives à l'université.

Qui dit féminisme, dit subventions à portée de main, ou salaires conséquents (ceux du CSF par

exemple) !

La question qui vient à l'esprit est pourquoi le militantisme féministe de droite et de gauche qui s'est incarné de multiples façons avant, depuis 1980, et après, a-t-il cette virulence?

Ces féministes, qui venaient souvent de la bourgeoisie, qui ont connu une vie relativement facile, qui

n'ont pas eu dix enfants comme dans les vieilles familles québécoises, pourquoi ont-elle été si

militantes, parfois revanchardes, trouvant tous les défauts à leurs hommes, leur faisant porter le poids

de l'aliénation soi-disant patriarcale?

Et surtout, dans le cas particulier du Québec, pourquoi ont-elles fermer la voie à la libération de la

société québécoise, en votant Non au référendum de 1980, si longtemps maintenue dans l'infériorité

à cause de la défaite face aux Anglais?

Les hommes Québécois étaient-ils si privilégiés autrefois, pris eux aussi dans l'aliénation religieuse,

humiliés par la défaite politique de 1837, s'exilant aux États-Unis pour survivre?

La société a toujours été une oligarchie et cela n'a pas vraiment changé.

Je fais l'hypothèse que la rancœur féministe et féminine au Québec vient de la frustration

rétrospective d'avoir vu leurs aïeules accoucher à tire-larigot, à tire-forceps? durant la période dite de

la revanche des berceaux.

À l'heure d'aujourd'hui, 2018, les femmes votent encore pour le PLQ, le parti du statu quo

constitutionnel.

(http://blog.qc125.com/2017/09/le-vote-des-femmes-le-vote-des-hommes.html)

Les Québécoises suivent toujours l'exemple des Yvettes puisqu'elles votent toujours pour le PLQ.

Aujourd'hui, le PLQ et le PLC sont les parfaits partenaires de la gauche multiculturelle, le couple

libéral, libertaire.

Par conséquent, le lobby sexiste y trouve son compte.

Oubliez les féministes progressistes, solidaires des hommes (chose rare) : elles sont une minorité.

Entre le bien commun et les femmes, les femmes vont presque toujours choisir le parti des femmes.

Les exceptions sont rares.

La féminisation des sociétés occidentales est dans l'air du temps et à moins d'un changement majeur,

la confrontation sourde entre les sexes qui sous-tend la vie sociale va continuer et s'accentuer, créant

un climat larvée de petites guerres idéologiques et contre-idéologiques.

Il y a maintenant un MGTOW québécois (Men Going Their Own Way - Hommes poursuivant leur

chemin solitaire - traduction libre) sur YouTube.

La résistance (ou la rancune?) s'organise !

(D'autres graphiques comparatifs sont disponibles : http://blog.qc125.com/2017/09/le-vote-des-femmes-le-vote-des-hommes.html)

Le but du Bloc Québécois : faire chier le Canada !

février 2018

Les journalistes et les journaleux du Québec (difficile parfois de les départager) ont toujours eu une attitude bizarre avec le Bloc.

On se souviendra de l'épisode avec Gilles Duceppe qui portait ce qu'on appelle en français international, une charlotte : "De nos jours, c'est aussi le nom du

bonnet jetable à élastique, qui recouvre les cheveux dans certaines industries (en particulier les industries agro-alimentaires, pharmaceutiques et parfois

chimiques) et en chirurgie, pour des raisons d'hygiène." (Wikipédia)

Tout le monde doit le porter dans certaines industries, ce n'est pas beau, mais il n'y a pas de quoi en faire un roman.

Et la meute journalistique de se jeter là-dessus et les caricaturistes ! Ils en ont fait des tonnes pendant plusieurs semaines.

C'était totalement infantile.

Malgré tout, le Bloc sous la direction de Gilles Duceppe était parvenu à installer une résistance minimale, jouant les bons parlementaires "ottawaiens" aux

dires de tous.

Même si le psychodrame sur la pertinence du Bloc reprenait de temps en temps, le Duceppe était tellement un bon gars, insipide, totalement dans la rectitude

politique, incapable d'avoir une idée originale, qu'on avait fini par l'accepter malgré tout.

Bref, c'était le Bloc tel que l'aimaient certains journalistes : on savait qu'il était insignifiant et qu'il ne mettait pas vraiment en danger le système.

De ce point de vue, journaleux fédéraliste et souverainistes se confondent, ces derniers devenant très critiques envers un parti souverainiste pour bien prouver

leur objectivité. Un Michel David ou une Lise Bissonnette, par exemple, ont souvent été dans cette mouvance.

Et voilà, qu'arrive dans le jeu de quilles du Bloc (ils sont dix), la boule Martine Ouellet.

Non pas qu'elle soit grosse ! Elle est assez mince, assez belle femme : une souverainiste convaincue, un bon cerveau, ingénieure.

Martine Ouellet semble déranger. Elle rend fou les journalistes.

Est-ce du sexisme ?

Peut-être en partie.

La raison profonde est plutôt qu'elle risque cette fois de faire une différence significative.

Prenons le dossier de la marijuana. Elle a été la première à remarquer que la manne que la dope allait rapporter allait échapper au Québec. Malgré la pertinence

de ses propos (qui se sont avérés exactes), Richard Martineau avait titré un article: "Martine en a fumé du bon".

Toujours cette façon de penser que les femmes sont un peu folles !

Elle a pu commettre une gaffe en sacrifiant à la mode des selfies avec Mélany Joly. Grave erreur ! On ne fraye pas avec nos adversaires !

Son écologisme est-il sincère ou est-ce une façon de plaire à la jeunesse ?

Enfin, donnons-lui la fantaisie de nourrir quelques lubies ! on peut penser qu'élue à la tête d'un Bloc reconnu comme groupe parlementaire, Martine Ouellet pourrait faire du Bloc l'arme de destruction massive que nous attendons qu'il soit enfin !

Le but du Bloc est que le Canada nous déteste avec passion !

On ne respecte que ses ennemis !

Le Bloc doit être systématiquement contre tout ce que propose le fédéral. En particulier, il doit être contre l'immigration de remplacement dont le but est de

noyer le peuple québécois.

Martine, je compte sur vous pour faire chier tout le monde !

Bon, nous verrons comment elle évoluera au sein de la députation du Bloc, si celui-ci ne la renvoie pas à Québec...

Note : Le mot clé ici était "chier", ou caca. Caca pipi poil... champ sémantique...

Le fédéralisme canadien, c'est du vol !

février 2018

Ce seraient d'excellents slogans pour le PQ ou pour le Bloc : "Le Canada nous vole ! Le fédéralisme canadien, c'est du vol ! Le Canada, c'est du vol !"

Vous, Québécois, vous êtes parmi les plus pauvres dans ce pays qui , parfois, vous méprise ou vous traite de haut ; vous êtes devenus des citoyens de deuxième

catégorie, une minorité ethnique comme les autres dans le Canada multiculturel ; à cause de l'immigration, votre État sera à la merci du vote ethnique.

Réveillez-vous !

Les détracteurs de la souveraineté québécoise mentionnent souvent la péréquation pour souligner à quel point nous avons besoin du Canada.

Jean-Jacques Natel a déjà fait la démonstration convaincante du contraire : https://www.youtube.com/watch?v=WLUs2ubd-y0

Mais considérons ces données plus récentes sur la péréquation :

Les champions de la péréquation sont le Nunavut, les TNO et le Yukon, et ce dernier reçoit dix fois plus qu'un habitant du Québec !

Maintenant, comparons le revenu moyen par province ou par territoire :

Encore une fois, il semble qu'il fasse bon vivre dans les TNO ou au Nunavut !

Mon but n'est pas de dénigrer les Autochtones ! Je mets juste en lumière les chiffres. Je serais curieux de connaître le revenu moyen d'un Cri ou d'un Mohawk.

En résumé, les Québécois, qui ont créé ce pays, l'ont colonisé, l'ont développé, sont encore les plus pauvres au Canada après 150 ans. Rien n'a changé depuis

les années 60, quand les Québécois ont commencé à prendre conscience qu'ils étaient les Nègres Blancs d'Amérique (livre autobiographique de Pierre Vallières

publié en 1968 aux éditions Parti pris).

Au fil du temps, nous avons même perdu le statut de peuple fondateur.

Pour continuer avec les chiffres, une étude de l'Institut Fraser a déjà estimé que l'immigration coûte 23 milliards par an aux contribuables :

http://www.postedeveille.ca/2011/05/canada-limmigration-coute-23-milliards-par-an-aux-contribuables.html

Pour le Québec, on parle d'une somme de 4 ou 5 milliards par année.

Un économiste (aussi démographe et sociologue), Alfred Sauvy, a déjà écrit que "Les chiffres sont des êtres fragiles qui, à force d'être torturés, finissent

par avouer tout ce qu'on veut leur faire dire."

Il reste que si on interroge notre appartenance au Canada, on en vient vite à la conclusion que ce pays ne nous apporte rien matériellement, en plus de nous

aliéner culturellement. Au lieu d'avoir sa propre voix dans le concert des nations, le Québec doit se taire et se faire discret même dans ce qui serait un champ

de compétence privilégié comme la francophonie.

Faites les comptes, interrogez-vous sur des choses simples et évidentes comme le coût du passeport, l'affranchissement du courrier. Comment se fait-il qu'il est

devenu presque impossible de retirer de l'assurance emploi?

Vous en viendrez vite à la conclusion que "Le Canada, c'est du vol" !

Tweets du 20 février 2018 : une anthologie !

février 2018

Voilà une jeune femme qui a trouvé très vite son créneau ! Si comme elle, vous partagez les convictions du lobby féministe, les portes s'ouvriront :

universités, médias, organismes gouvernementaux. Qui sait ? présidente du CSF (avec un salaire de ministre) ?

C'est normal. Quand on permet l'immigration de masse de pays culturellement attardés, on se retrouve avec une société qui n'avance plus. Une grande partie du

Québec ne s'appartient plus. La ville de Québec résiste encore, mais la phase 2 a débuté, aidée par les colonisés.

Programme partiel et préliminaire pour un parti d'extrême droite

février 2018

Mais non ! Mais non, braves gens !

Je ne suis pas d'extrême droite, plutôt de centre gauche : je suis pour que nous nous payons les programmes sociaux que nous pouvons nous offrir pour que la vie

soit plus facile possible pour le plus grand nombre.

Toutefois, un parti nationaliste qui aborde la question de l'immigration

est aussitôt taxé d'extrême droite.

C'est de la malhonnêteté intellectuelle dans le but de diaboliser l'adversaire :

et cela a bien fonctionné avec le Front National en France.

Alors, autant porter le chapeau. Cessez d'avoir peur de votre ombre !

À ce point-ci de l'Histoire du Québec, la survie du peuple québécois est menacée : si ces questions ne sont pas mises sur la place publique, je vois mal comment

la seule minorité francophone qui peut prétendre à devenir une nation peut espérer se perpétuer devant le flot ininterrompu et massif de l'immigration, qui est

en plus instrumentalisé par les fédéralistes.

L'idéal serait de déclarer l'indépendance du Québec dès la prise du pouvoir.

À défaut de pouvoir le faire, un parti nationaliste peut réaliser de grandes choses.

Qui sait si Legault ne pourrait pas se transformer en grand homme (j'en doute), ou Lisée.

Je lance quelques idées pour un programme.

Le volet économique n'est pas ma matière forte, mais si vous avez des idées...

Imaginez ce que de nombreux bons cerveaux qui travaillent pour leur pays pourraient concevoir!

IMMIGRATION / DÉMOGRAPHIE

- Arrêt de l'immigration, protection des frontières

- Accorder le droit de vote aux néo-Québécois après 18 mois de résidence

- Expulsion des immigrants avec la double nationalité suite à un crime grave ou à la récidive (à déterminer)

- Programmes pour l'immigration de francophones d'autres provinces

- encourager la natalité (comment? C'est à voir.)

ÉDUCATION

- Charte de la laïcité (interdiction du voile dans toutes les écoles)

- Abolir le cours d'éthique religieux

- Concentrer le programme du ministère de l'Éducation sur les matières de base

- Interdire la promotion de la théorie du genre dans les écoles

- Équilibrer le nombres d'enseignants femmes et hommes

- Étudier la pertinence d'un système d'éducation non-mixte

- Encourager la réussite scolaire avec des politiques équitables et égalitaires

- Étudier le décrochage scolaire des garçons

- Empêcher l'endoctrinement religieux dans les écoles privées

- Étudier les subventions des universités en fonction du taux de rétention des étudiants en territoire québécois

EMPLOIS

- Arrêt des programmes de discrimination positive pour les emplois de la fonction publique, sauf pour les handicapés physiques

- Attribution des emplois dans la fonction publique après un tirage après la réussite d'un concours

JUSTICE
- Publier le Rapport Duchesneau.
- Utiliser la clause nonobstant pour contrer l'arrêt Jordan
FRONTIÈRES / TERRITOIRE
- Récupérer tout le territoire Québécois (dont le Labrador), en particulier les zones de non-droit
- Clarifier le rapport avec les Premières Nations sur les questions du territoire et du développement économique (abolir les réserves?)
- Taxer les bateaux de la voie maritime du St-Laurent (idées de Jean-Jacques Nantel)
- taxer les véhicules lourds qui traversent le Québec et endommagent les routes
ÉCONOMIE
- Rapatrier tous les impôts (un seul rapport d'impôts)
- S'assurer que le pétrole est acheminé de façon sécuritaire, réétudier le passage par des oléoducs (rapport risque/dividenes)
- Nationaliser l'eau, créer une marque québécoise d'eau embouteillée
- Assurer la production québécoise de la marijuana pour que les revenus engendrés restent au Québec
- Rapport sur les paradis fiscaux et récupération de l'argent qui échappe au Québec
- Préférence nationale pour la propriété des entreprises (ne pas laisser les sièges sociaux quitter le Québec dans la mesure du possible)
- Fusionner les municipalités et réduire le nombre de représentants
- Utiliser les territoires du Nord comme zones d'hébergement de serveurs comme cela se fait en Norvège (?)
- Encourager l'agriculture alternative pour que le Québec soit le plus possible auto-suffisant
- Créer un ministère de Veilles technologiques

- Explorer l'avenir des industries les plus prometteuses pour le Québec

SOCIÉTÉ

- Abolir les subventions aux organismes qui font la promotion d'une idéologie (exemple: la FFQ, organismes religieux, etc.)

- Remplacer le CSF par un organisme qui vise l'égalité et le bien-commun

- Revoir les certifications kascher et halal

- Interdire les mutilations génitales pour des raisons religieuses (circoncision, infibulation et excision)

- Liberté d'expression inspirée du premier amendement des États-Unis

- Revoir les obligations des pères divorcés qui doivent payer de façon abusive pour deux foyers

- Équipes nationales québécoises aux Olympiques et compétitions internationales

- Interdiction des tatouages avant 18 ans

- Référendum sur la légalisation de la prostitution

- Référendum sur la légalisation des drogues

COMMUNICATION

- Interdire les pubs à la télé

- Récupérer les subventions de la télé de Radio-Canada

- Abolir Radio-Canada

- Réduire les factures d'Internet et du câble

Le sport, c'est surtout un truc de mecs

février 2018

- Au Québec, on dirait de gars.

Regardez les émissions de France, c'est souvent comme prendre des vacances de la rectitude nord-américaine.

On peut voir présentement, période des Jeux Olympiques en Corée du Sud, un résumé des résultats et des compétitions qui nous vient de France 2 (Saint-Pierre et

Miquelon).

Ce sont d'excellents journalistes et commentateurs, à la fois légers et précis. L'animateur sait mettre à l'aise athlètes et commentateurs. Tout se fait dans la

bonne humeur et la complicité.

J'imagine la féministe québécoise lambda, celle qui regarde le Tout le monde en parle québécois, devant cette émission où il n'y a que des hommes (outre les

athlètes féminines qui ont gagné une médaille) : "Sexisme! Machisme! - BOYSCLUB !

Dans la société matriarcale du Québec, on a cette perception que les hommes Français sont machos, alors qu'ils sont tout simplement normaux, bien dans leur

peau, ne s'excusant pas d'être des hommes.

Mais que faire quand on a été modelé dans une société où tous les enseignants sont des enseignantes, où on célèbre l'égalité de façon maniaque, allant même

jusqu'à faire de la discrimination positive dans la fonction publique où 70% (plus ou moins) des employés sont des femmes.

Pour revenir au sport, beaucoup d'hommes ont une passion pour le sport et ils en parlent le mieux.

Une Marie-France Bazzo qui, selon ces balancements hormonaux, se dit féministe, préfère entendre des hommes discuter hockey.

Ce n'est plus possible au Québec où il faut absolument percer le plafond de verre et nommer une femme comme chef d'antenne pour les Jeux Olympiques, par

exemple.

Les plus vieux se souviendront des journalistes sportifs de la belle époque de Radio-Canada, avant que celle-ci ne devienne une chaîne de propagande fédéraliste

et de la gauche sociétale. Ils formaient une fantastique équipe qui se déplaçait partout dans le monde.

Qu'aime-t-on dans le spectacle du sport?

Le sport est un mélange de style, de force et d'habileté. Selon le sport, un de ces trois éléments prend le dessus.

C'est ainsi que l'on apprécie la grâce des gymnastes féministes, celle des patineuses ou celles des plongeuses.

Il y a des sports qui semblent spécifiquement féminins.

Pourquoi certains sports mis à la sauce féminine n'ont aucun succès commercial, je pense au hockey, au soccer ou au basketball?

Parce que le féminin n'ajoute absolument rien au sport, les hommes étant de beaucoup supérieurs.

Il existe évidemment des zones mitoyennes où hommes et femmes démontrent de l'habileté et de la force.

Au-delà de toutes considérations, le sport qu'on pratique est plus amusant que sa seule contemplation passive, me semble-t-il, et dans tous les cas le sport ne

remplace pas le rock-and-roll !

L'insupportable diversité !

février 2018

Si votre culture est si merveilleuse, il fallait rester chez vous, ou bien y retourner !

Ce n'est pas moi qui vous ai invités ! c'est le PLQ qui force tout le Québec à accepter un nombre insensé d'immigrants et de faux réfugiés (le plus souvent) :

le but étant de changer la démographie pour tuer le nationalisme québécois, d'avoir des électeurs inconditionnels, de nous détruire comme peuple et d'avoir de

la main-d'oeuvre à bon marché à l'infini.

Le multiculturalisme est le moyen qu'a trouvé Pierre Elliot Trudeau pour neutraliser le Québec. Il avait promis aux Québécois de renouveler la Constitution,

mais il a trompé tout le Québec en se moquant carrément de René Lévesque qui n'a rien vu venir (la Nuit des longs couteaux).

Le plus ironique est que la Constitution de 1982 a reconnu une multitude de nations autochtones, des grenouilles qui depuis se font aussi grosse que le bœuf,

une multitude de tribus qui réclament de plus en plus d'autonomie, morcelant le territoire et jouant le plus souvent des empêcheurs quand il s'agit d'exploiter

les ressources du Québec.

Les soi-disant Premières Nations ont compris qu'en misant sur le Canada et contre le Québec, elles s'assuraient d'un gain presque toujours certain.

Leur reconnaissance par le PQ a été une erreur, mais celui-ci a probablement pensé qu'il pouvait recréer l'alliance qui a existé avec les Amérindiens quand les

Français sont venus colonisés l'Amérique du Nord.

Nous voici donc pris avec ces "nations" et ces "communautés" qui n'en finissent plus de se multiplier, encourager par la Constitution et la Charte des droits.

L'effet obtenu est tout à fait contraire à l'effet recherché ! Mais oui, nous savons tous que toutes les cultures ont du beau et du bon. Mais oui, nous savons

que le monde est peuplé de merveilleux paysages exotiques. Mais on s'en tape !

Si nous voulons connaître vos merveilleuse babioles culturelles, nous allons prendre un billet d'avion et visiter votre pays dont nous ne serons pas sûrs,

parfois, de revenir vivants ! De plus, cette ouverture à la culture de l'autre est unilatérale.

Les autres pays se fichent du Québec et des Québécois. Vous serez toujours étrangers dans les autres pays. Même pour les Français, le Québec, souvent ramené

qu'à un accent, c'est du folklore dont on a apprécié quelques chanteurs, quelques films, et c'est tout. (Rien de plus ringard pour les Français que la

francophonie. Les Français n'ont pas besoin de la francophonie, ils forment un pays uniment français.)

Avez-vous vu cette folle à TV5 qui allait se promener (à nos frais) sur les marchés du monde entier s'émerveillant bêtement devant les étals d'un barbu vêtu en

djellaba? Ou cet autre naïf qui fait sa tournées des mœurs exotiques, de la façon qu'ont les étrangers de se marier, de rire, de baiser, alors que nous faisons

plus ou moins tous la même chose, et le plus souvent sans les contraintes d'une religion qui les aliène. Et que penser des Tammy, Benoît, Monsieur B, Geneviève, et tout le jet-set médiatique du Plateau qui va se répandre aux quatre coins du monde, réécrivant, moins brillamment, les Lettres Persanes ou Candide.

Je vous écris ce que le PQ n'osera pas vous dire : la diversité nous emmerde! Le multiculturalisme nous divise. Le but du mouvement indépendantiste a été de

créer un pays, un seul, et il faudrait y revenir avant d'être submergé par toutes ces merveilleuses cultures dans une grande finale qui ressemble à un ethnocide

tranquille.

Les porteurs d'eau vous emmerdent !

janvier 2018

Ça sent les élections ! Au Québec, en octobre.

Si les Québécois réélisent le PLQ, il n'y aura plus rien à faire avec eux.

D'ailleurs, c'est peut-être la dernière fois qu'ils ont le pouvoir de faire élire des francophones, puisque le gouvernement remplace la population avec

l'immigration de masse.

On ne va pas me faire croire qu'une grande majorité des immigrants sont des Québécois. Ils sont tous à regretter leur pays d'origine et même certains retournent

vivre après vingt ans à la maison (certains Français, par exemple).

D'autres viennent ici en touriste, comme Dany Laferrière. Dès qu'il a eu l'opportunité d'aller vivre en Floride, il l'a fait. Bien sûr, il a le droit. Pour qui

vote-t-il? Ça ne me regarde pas, mais quand il vient nous faire la leçon (comme il l'a fait à Tout le monde en parle - voir les texte sur le sujet dans

Vigile.net), on peut bien se le demander.

Il faudrait vraiment se pencher sur le droit de voter donné à tous les gens qui débarquent ici. Est-ce que j'ai le droit de voter dans leur shit holes, moi?

    Est-ce que j'ai la double nationalité?

Ils ont des droits que je n'ai pas.

Qu'ont-ils fait pour mériter tout cela? Ont-ils défriché, labouré cette terre, gelé mille hivers, comme mes ancêtres l'ont fait, porteurs d'eau méprisés même
    dans les villes qu'ils ont créées de rien?

Bon c'était ma diatribe du mercredi !

Vive le Québec libre !
    janvier 2018

Le Mois de l'Histoire des Noirs

Mais est-ce sérieux? Je me fous de l'Histoire des Noirs! la seule Histoire qui m'importe est celle du Québec, celle des Nègres blancs d'Amérique.

C'est un concept raciste d'ailleurs, comme si en Afrique (exemple) il n'y avait qu'un seul pays, amalgamé par un hasard de la génétique. Le mois prochain, ce

sera le Mois de l'Histoire des Jaunes?

On a fait taire l'écrivain Claude Péloquin quand il a déclaré que nous vivions un génocide au Québec, en voyant les rues de Montréal remplies de femmes voilées.

Le mot ethnocide me paraît plus juste, mais on a compris ce qu'il a voulu dire, lui qui a connu le Montréal vibrant des années soixante.

Il ne donnait pas un sens politique à son "Vous n'êtes pas écoeurés de mourir, bande de caves", mais je souhaiterais qu'il le fasse et qu'il s'exprime. IL y a

trop peu de gens connus qui osent parler haut et fort, sans peur de la rectitude politique et des curés médiatiques.

Que Richard Martineau fasse de la radio à Québec est un symptôme du déplacement de l'identité québécoise. Elle n'est plus à "Mountreehall", l'âme québécoise.

La Ville de Québec est une ville de colonisés où on a commencé la Phase 2 du Grand Remplacement. On peut voir l'été, de plus en plus, des groupes de jeunes

femmes voilées. Même parfois des femmes en burqa en plein mois de juillet.

Même si Québec est une ville où sévissent des animateurs de radio, de zélés sectateurs de la droite anti-québécoise, ces mêmes animateurs ont un reste de

résistance dans leur conservatisme. Ils sont les seules à critiquer l'immigration, l'islamisation, le féminisme outrancier.

Si PKP veut faire quelque chose de révolutionnaire, qu'il ouvre un studio de TVA à Québec.

Peut-être est-ce mieux qu'il se garde en réserve de la République? L'explosion du PQ aux prochaines élections n'est pas une impossibilité.

Ce ne serait pas nécessairement une mauvaise chose. Le PQ est complètement en dehors des enjeux nationaux.

Sa dernière campagne fait du multiculturalisme déguisé avec une silhouette noire. Ouais, on le sait le Québec est un pays africain !

Comme le disait feu Pierre Bourgault, les immigrants seront Québécois quand ils diviseront leur vote comme nous, les de souche, l'ethnie française, parce qu'il

faut bien nous trouver un nom.

En attendant, ils vont continuer à voter pour cet ignoble parti fédéraste, cette "gang de pourris" tel que décrit par François Legault.

En dernière heure, on apprend qu'il y aurait eu une sorte de mini-émeute dans Montréal-Nord. C'est juste les débuts ! L'an dernier, on a attaqué un poste de

police et les pleutres qui nous gouvernent n'ont rien fait. Cela va aller de mal en pis, j'en ai bien peur.

Mais est-ce vraiment surprenant? L'immigration de masse est une catastrophe annoncée.

Le seul slogan du PQ devrait être "Vive le Québec libre!" Ceux-ci sont tellement devenus poltrons que le simple réflexe de survie leur semble être une audace

démesurée. Eh bien, crevez donc si vous en avez envie, bande de caves !

"Maurice Richard" de Charles Binamé :
Nègre blanc d'Amérique

janvier 2018

Je n'avais pas encore vu cet excellent film politique de Charles Binamé.

Comme plusieurs, j'ai une sorte de préjugés envers les films québécois.

J'ai souvent remarqué que les indigènes n'aiment pas voir les films de leur pays. Beaucoup de Français n'aiment pas le cinéma français. Comme si nous avions

besoin d'une distance pour apprécier un film, pour rêver?

Bref, j'avais tort !

C'est un film prenant et instructif sur le Québec. C'est un film politique qui montre notre réalité de Nègres blancs d'Amérique pour reprendre le titre de

l'essai de Pierre Vallières ("publié en 1968 aux éditions Parti pris. Wikipédia ")

Je ne vais pas faire de recherches pour savoir si tout est exactement vrai historiquement. J'imagine que ça l'est et que c'est même peut-être en deçà de la

réalité que vivaient les Canadiens français de l'époque, tel qu'on appelait les Québécois.

On les appelait aussi des "Frenchs Pea Soup" ou des "froggies" de façon méprisante et humiliante.

Saviez-vous que les "Frenchs Pea Soup" était séparés des Anglophones au Centre Belle des années quarante et cinquante?

Comme des bêtes qu'on devait garder en cage ou comme les Noirs Américains qui devaient s'asseoir au fond du bus.

Évidemment, tout se passait en anglais dans les vestiaires, la langue des maîtres.

Une situation révoltante qui a changé petit à petit, le croit-on?

Qu'est-ce qui a changé vraiment?

L'humiliation s'est déplacée dans la ville de Québec où les amateurs d'hockey attendent toujours que les grand patrons de New York daignent accepter un club qui

serait probablement trop francophone, trop nationaliste à leur goût?

Mais que craignent-ils des colonisé qui habitent la Ville de Québec?

Qu'est-ce qui a changé vraiment?

On apprenait l'an passé qu'on interdisait le français dans le vestiare deTeam Canada Junior. Je vous renvoie à l'excellent article de Steve Fortin :

http://nouvelles.stevefortin.quebec/2017/01/08/le-francais-interdit-dans-le-vestiaire-de-team-canada-junior/

Qu'est-ce qui a changé vraiment?

Les matchs du Canadien, une équipe internationale où il y a quasiment pas de Québécois, sont une célébration politique.

J'aimerais bien voir les Québécois boycottez l'hymne canadien (celui qu'on nous a volé !), mais il ne fait pas trop attendre de réflexe de survie d'un peuple

moribond.

Ces partisans endormis et non-politisés sont trop contents de voir la grosse Ginette Reno habillée tout en rouge canadien saignant ,qui se fait manipuler pour

faire la propagande du Canada Coast to Coast qui continue à nous mépriser.

On méprise les soumis. Et on méprisera les Québécois aussi longtemps qu'ils ne seront pas devenus des Maurice Richard de la politique.

(Photo de l'être qui dirige et contrôle le Québec pour le garder dans sa médiocrité.)

Dieu, ce salaud ! Une brève analyse.

janvier 2018

Dieu, où es-tu?

Dieu, une passion inutile?

Croire en Dieu ou à Dieu, c'est souvent le besoin émotif d'y croire.

C'est aussi parfois une intuition que certaines personnes disent ressentir. Un croyant avait cette formule : "Il fait Dieu".

Qui sommes-nous pour dire que son expérience subjective est fausse même si on ne la ressent pas?

Mais on peut faire l'hypothèse scientifique de Dieu au-delà de l'émotion, de la croyance imposée par la culture.

Il existe un mystère de la conscience.

Comment concevoir que l'agglomérat de molécules que forme notre corps produise ce substrat qu'on appelle conscience et qui se limite à être une expérience
        subjective et incommunicable?

Je ne sais même pas si les autres ont une conscience.

Je pense donc je suis est ma seule certitude. Je ne sais pas si vous, vous pensez donc que vous êtes.
        (Cela dit, c'est du bla bla parce qu'au fond nous pensons tous que les autres pensent comme nous!)

Les matérialistes purs et durs y voient une sorte de mécanisme des ondes électriques du cerveau.

Déjà le matérialisme est contredit par la science physique puisqu'il y a plus de vide dans la matière que de plein.

Bref, il faudrait vraiment être borné pour penser que notre subjectivité puisse avoir le fin mot de l'Histoire sur Dieu, sa vie, son oeuvre, et pourquoi il ne
        vient jamais nous saluer personnellement.

"Carlos" d'Olivier Assayas et du terrorisme

janvier 2018

"Carlos", un bon film d'Olivier Assayas. Cependant, l'auteur nous prévient que son film est une fiction. Que retenir? Que ces révolutionnaires sont des

couillons fanatiques. Ils ont été remplacés par les antifas. Les antifas Allemands sont particulièrement dangereux.

Carlos, les Brigades Rouges, etc. Ils voulaient faire la Révolution anti-capitaliste. Plus besoin ! puisque la droite libérale et la gauche marxiste culturelle

ont pratiquement tué l'Occident, mort à laquelle une partie du peuple résiste.

La belle Lauren Southern a un vidéo sur la violence des antifas allemands, ceux de Hambourg, filmée quand elle est allée au G20 : youtube.com/watch?v=05slPc... ;

un autre, pourquoi, elle n'est pas mariée (?). Ouais, une belle fille comme ça !

Les jeunes qui sont devenus des révolutionnaires marxistes, fin des années soixante, début soixante-dix, étaient de jeunes idéalistes le plus souvent. C'est

perdre sa vie pour des causes perdues.

Le FLQ par exemple, était infiltré par la GRC qui a elle-même posée des bombes. Le but était de discréditer le mouvement souverainiste et cela a fonctionné en

partie. René Lévesque l'avait compris et il n'a jamais embarqué dans cet extrémisme où on tue inévitablement des innocents ou des insignifiants.

Cuba, on peut dire que c'est une singularité par rapport au terrorisme. Le seul endroit où il a été efficace. Mais était-ce vraiment du terrorisme? C'était

plutôt une armée de résistance à ce niveau d'organisation. De toute façon, Cuba se serait démocratisée petit à petit et serait probablement plus prospère

aujourd'hui.

Bref, toi, le jeune, ne deviens pas un terroriste ! Inscris-toi plutôt chez les scouts ! Et milite pour un parti petit-bourgeois comme le PQ, tu feras une belle

carrière. Les payes sont bonnes ! Il y a les avantages sociaux du fonctionnariat plus la petite touche historique. Si tu as des enfants, ils vont être fiers de

dire "Mon père ou ma mère, était députée..." La famille va encore en parler dans trois générations.

Johnny et la postérité

janvier 2018

Tremblez, mortels ! Vous allez tous mourir !

C'est parce que j'entretiens ce genre de réflexion qu'on m'invite moins dans les fêtes ! (Blague empruntée à Woody Allen.)

En, effet, tout, tout, tout va inexorablement disparaître dans le néant ! La Joconde, Madame votre mère, votre chat, Platon, Elvis et Johnny Hallyday !

Évidemment, tout est relatif, même le temps. Il y a le temps cosmique. La Terre sera un jour broyée par les rayons cosmiques. Le Soleil, lui-même, se

transformera en naine jaune ou en géante rouge.

Notre univers se crashera peut-être. Nous n'en sommes pas certains. Il faudrait que j'en discute avec mes amis astrophysiciens qui n'en sont pas sûrs eux-mêmes.

D'ailleurs, y a -t-il plusieurs univers? Vos hypothèses valent celles de Stephen Hawkins, le grand savant paraplégique.

Mais restons dans une relativité temporelle à notre mesure.

Oui, nous écoutons encore Elvis et les Beatles. C'est un bon point ! Des fans vont visiter Jim Morrisson (ce qu'il en reste) au cimetière du Père-Lachaise.

Quelques mini-phénomènes de la mémoire populaire subsistent. Ah ! la grande Édith Piaf chante encore dans nos églises, souvent.

Tout ça pour dire que pour demeurer dans les consciences et restez un mythe, il faut vraiment avoir marqué son époque. Il faut laisser une trace.

C'est pourquoi j'estime que notre ami Johnny Hallyday, de son vrai nom, Jean-Philippe Smet (j'ai dû vérifier, j'écrivais Jean-Michel... vous voyez le côté éphémère de la mémoire... de la mienne en particulier! Donc, notre idole des jeunes, a commis une erreur en se faisant enterrer si loin de ses fans, sur une île

improbable.

Il aurait dû rester à proximité pour que ses admirateurs puissent aller fleurir sa tombe. Peut-être que cela lui coûtera la postérité? Peut-être que cela

l'empêchera d'être un mythe?

Bon, je n'en sais rien. Je spécule. J'amène ces quelques réflexions éphémères au petit matin dans ma petite vie, elle-même éphémère, micro-instant à l'échelle

cosmique. Que cela ne vous empêche pas d'aimer la vie, chers amis mortels !

(Photo : cimetière de Longueuil, Québec.)

"Et maintenant", je ne signerai pas votre pétition !

janvier 2018

Je suis solidaire des femmes que j'aime... et même de celles que je n'aime pas !

Je suis aussi solidaire des enfants, des vieillards, des hommes, des chiens et des chats.

Je suis solidaire du peuple québécois.

Je suis aussi solidaire de l'Occident.

Je suis aussi solidaire des femmes de Cologne qui se sont fait agresser, des Suédoises qui se font violer, des femmes qui se sont fait harceler dans les taxis

de Montréal, des jeunes filles prostituées par des proxénètes de gangs de rue et des différentes mafias québécoises...

Et je suis même parfois solidaire de l'humanité, cette engeance !

Je suis solidaire des femmes, mais je ne suis pas solidaire de l'idéologie féministe.

Pourquoi voulez-vous que je sois solidaire d'une idéologie qui fait le procès de l'homme Blanc (de moi !) depuis au moins cinquante ans ! Une idéologie qui n'a

pas de fondement véritable (je ne crois pas à la théorie du patriarcat). Qui promeut des théories fumeuses et même dangereuses pour la société, comme la théorie

du genre.

Justement, si le genre n'existe pas, on a quand même l'impression que dans cette pétition (https://etmaintenant.net/), le genre existe !

"Les femmes n'acceptent plus d'être réduites au statut d'objets du désir masculin."

Ah! les méchants ! Ça ne veut rien dire en plus, objet du désir masculin ! Et pourquoi pas ?

Les signataires de cette pétition sont des intégristes du féminisme, entre autres.

Je ne signe pas de pétition en général (une perte de temps et qui ne change rien à rien) et en particulier, mais je signerais encore moins cette pétition écrite

par des personnes dont les vues politiques sont plus que discutables.

Pourquoi voulez-vous que je sois solidaire avec Françoise David et ce qu'elle représente, soit Québec Solidaire ?

Françoise David a milité contre la loi 101. Son parti a fait adopter une motion où le Québec passait pour islamophobe (position qui peut se défendre par

ailleurs !). C'est un parti multiculturaliste qui ne croit pas vraiment à la culture québécoise.

Francine Pelletier écrivait pour le magazine La Vie en Rose. Mais que faisaient les féministes de la Vie en Rose en 1980 quand les féministes de droite, les

Yvettes, ont empêché le Québec de se séparer ?

Ont-elles été solidaires de René Lévesque, de Lise Payette, de tout le peuple québécois ?

La beauté est relative, comme disait Quasimodo! Mais non ! la beauté est pas un avantage dans la vie. Il y a même plein de femmes qui en font une carrière, les

modèles, les actrices, des professions moins dures que ramasser les ordures, mineurs...

Quand je lis ceci : "Afin que les politiques publiques, la culture des entreprises et des institutions, les contenus médiatiques – et oui, les relations

amoureuses et sexuelles - évoluent dans le sens d'une véritable égalité entre les genres." (https://etmaintenant.net/)

Je suis inquiet, mais en même temps, j'y vois l'expression du marxisme culturel que le féminisme a promu depuis des décennies en voulant censure et contrôler

l'éducation, les médias et les mœurs en général.

Le Québec est le pays qui a fait censurer la pub d'Expédia parce qu'on y voyait une belle fille ! C'est aussi le pays où la prostitution est légale mais où

seuls les hommes sont punis.

Ne comptez pas sur moi pour donner à ce mouvement et au gouvernement encore plus de pouvoir qu'ils en ont déjà puisque personne n'a osé contredire les

féministes pendant au moins trente ans au Québec. De plus, le monde médiatique est, en grande partie, au diapason de ce mouvement.

C'est pourquoi nous nous retrouvons avec des médias insipides, des feuilletons insipides, des publicités où les hommes ont l'air ridicules et où les femmes

sont parfaites.

En conclusion, les relations entre les hommes et les femmes ne seront jamais évidentes.

Par ailleurs, la société québécoise change démographiquement avec l'immigration imposée par les fédéralistes. Les théories d'hier ne vont pas suffire à éduquer

des civilisations étrangères. Je pense qu'elles ne suffiront plus à la tâche!

Ce n'est sûrement pas une pétition qui va y changer quoi que ce soit.

C'est trop tard !

La même gauche sociétale qui soutient le féminisme encourage aussi l'éclatement de la société.

Appelez-moi le jour où vous serez cohérents et cohérentes !

Les pamphlets controversés de Céline Dion

janvier 2018

Je ne savais pas que Céline Dion avait écrit des pamphlets controversés, antisémites...

Non, je plaisante (au cas où on n'aurait pas compris).

Faut-il republier le Coran, la Bible et la Torah, malgré les écrits orduriers que ceux-ci contiennent?

Et que pensez des écrits de Louis-Ferdinand Céline, des pamphlets, brûlots, vociférations, gueulantes, qu'il a commis pendant la guerre?

Si Céline avait du génie, ce serait surprenant que celui-ci ne s'exprime pas aussi dans tous ses écrits, même les plus délirants.

Le grand tabou est d'écrire que ses écrits antisémites sont géniaux.

C'est tout ce qu'on attend du genre : de mauvaise foi mais avec quelques vérités enrobées dans du mensonge ; outrancier, virulent, mordant, de la vache enragée

mise en phrase.

La censure est bête. Aujourd'hui, elle est partout. On tombe sur Trump parce qu'il a qualifié de "shit holes" des "shit holes"!

Que l'on puisse trouver du génie à une oeuvre littéraire ne signifie pas que l'on approuve et l'oeuvre, et l'écrivain, et ce qu'il écrit ou raconte.

Mais le peuple sait-il faire la part des choses? Celui qu'on traite de haut dans notre grande sagesse d'érudit éclairé? Parfois oui, parfois non. En fait,

l'être humain est une engeance, sauf quand il ne l'est pas.

Cependant, que vous fassiez quoi que ce soit, vous l'aurez toujours dans le baba !

Cours de sexualité ou cours idéologique?

janvier 2018

Ce sera probablement les deux.

Par démagogie, le gouvernement a cru bon de donner ces cours à la suite de cas isolés du showbiz que les médias (sociaux et journalistiques) ont monté en sauce

(Weinstein, Rozon. etc.).

Je parie que les bigots vont vouloir se faire exempter et ils vont y réussir ; ou ils vont boycotter les cours.

Car c'est bien de cela qu'il s'agit, comme le Québec subit l'immigration de remplacement, maintenant il faut éduquer ces masses selon les valeurs de l'Occident,

c'est-à-dire pro-gay, féministe... Va-t-on aller jusqu'à la théorie du genre? Cela ne me surprendrait pas.

Mais si je peux ici sembler réac, je suis assez libéral et progressiste. Ce qui me dérange, c'est l'aspect idéologique, l'idéologie qu'on impose.

Peut-être que toute société sécrète une idéologie, sans doute. Cependant, c'est maintenant les gouvernements et les médias qui le font de façon systémique et

répétitive. L'idéologie a remplacé la morale, la moraline comme disent les Français, qui s'étale partout et à laquelle il devient impossible d'échapper. Des

gens perdent leur emploi pour quelques mots de trop.

Sur le même sujet, je regarde sans le son, deux épisodes de Sexplora animée par Lili Boisvert. Je suis déçu, j'espérais la voir à poil ! Nul besoin d'ouvrir le son, on devine tout ce qu'elle raconte, l'orientation qu'elle donne... Elle est arrivée deux générations en retard. Elle pense encore que le Québec est peuplé

par la même population occidentale qu'avant.

- Sur Lili Boisvert, je republie cet article qui est disparu :

"Sans la liberté de blâmer, il n'est point d'éloge flatteur; ... il n'y a que les petits hommes, qui redoutent les petits écrits."

Pierre Augustin Caron de Beaumarchais , Le mariage de Figaro (1784), V, 3.

Lili Boisvert, charmante jeune femme qui vit dans un monde parallèle, entre Judith Lussier et Rafaële Germain, entre Léa Clermont-Dion et Coeur de Pirate.

Elle est libre, elle est jeune, belle, ingénue, un peu baveuse ; elle se promène seins nus : elle vous emmerde.

Là où Carole Laure était troublante et sensuelle, Lili est naturelle et a le sexe relaxe.

Ben quoi !

Il n'y a rien là !

En effet, il n'y a plus rien là! Même pas l'ombre d'un désir inavoué, d'une émotion érotique.

Vive le sexe hygiénique!

Comme les nudistes, si puritains au fond.

Lili vit dans un monde parallèle entre une rue du Plateau... et la rue du Plateau! On ne te conseille pas, belle Lili, d'aller dans certains quartiers!

Lili a quarante ans de retard (les trois années entre "Deux Femmes en Or" de Claude Fournier, 1970, et "La Mort d'un bûcheron" de Gilles Carle, 1973).

Le Québec d'aujourd'hui est aux antipodes du libertinage.

C'est dommage.

Comme cela eût été bien. Un érotisme post-féministe où on jouerait de notre corps en toute liberté.

Un jour, je te montre ma petite culotte, mais aille! ne t'y crois pas là!

Le lendemain, un topo sur le harcèlement sexuel pour bien garder les choses en mains (façon de parler!).

Mot-clic : je te rajoute une couche de culpabilité, mon cochon!

Tu banderas quand j'en aurai envie!

Et pis, la beauté, c'est quoi au fond? Une construction sociétale liée aux critères dictées par eux, là! Les méchants! qui n'acceptent pas la vraie femme, la

femme plurielle et multiple, si changeante.

La femme de la pub, la femme du quotidien, plus ordinaire qu'ordinaire à force de censure. La grosse rigolote (tu as ton permis de camion?). Surtout pas celle

de Trivago!

Ben, ça fait partie du jeu! Si tu veux être avec moi, tu vas t'adapter.

T'as rien compris au féminisme, toi!

T'as pas lu le Manifeste de la Classe?

Endure et tu auras en retour.

Peut-être même que tu deviendras un tatouage quand je te laisserai.

Ces fichus tatouages qu'elles en ont toutes!

(Photo : rien à voir ou presque, juste comme aguiche.)

Hamlet québécois

décembre 2017

Être ou ne pas être, tabarnak! Hostie, on gèle! Y a-t-il pour la bedaine plus d'avantages à chauffer au poêle à bois ou à l'électricité d'Hydro-Québec?

Bronzer... partir..., Cayo Caco;... Calmer enfin, dit-on, sous le soleil tropical, cette froidure qui gèle les os!

Mais halte-là! Rêver de mers chaudes quand on a des paiements de char à effectuer... il nous vient des cauchemars, câlisse...

Les rêvages prolongent la dureté du climat.

Car sinon, qui endurerait ce temps de chien dans cette terre de Caïn, sacrement de saint-ciboire !

Nietzsche, ce nazi !

décembre 2017

La première observation du spécialiste de Nietzsche est d'insister que la philosophie du grand philosophe ne saurait être apparenté au nazisme.

En effet, ce serait un total anachronisme d'assimiler Nietzsche au nazisme.

Il serait injuste de lui faire ce procès.

Comme celui-ci n'a jamais eu l'occasion de s'objecter à la récupération politique de sa pensée.

On dit qu'il n'était pas un philosophe de système, qu'il ne voulait pas de disciples, encore moins ceux qui marcheraient au pas de l'oie!, qu'il était parfois

contradictoire, qu'il favorisait une élite de l'esprit.

Cela dit, ne pas vouloir absolument de rappochements avec le nazisme, ne relève-t-il pas de la rectitude politique?

On sait souvent interroger sur l'adhésion de grands esprits au nazisme, qui sait si Nietzsche n'aurait pas été séduit aussi par la volonté de puissance

d'Hitler?

N'était-il pas un surhomme dont la morale était au-delà du bien et du mal?

Bon, je ne prétends pas être un spécialiste de Nietzsche.En fait, je ne suis un spécialiste de rien et je ne passerais pas mon temps à vouloir comprendre une

pensée absconse et à vivre selon les principes d'une autre subjectivité.

Nouvelles considérations philosophiques sur Johnny Hallyday

décembre 2017

Non ! Pas vraiment, mais c'est juste un titre accrocheur !

Johnny psalmodiait cette chanson dont le refrain est :

Que je t'aime

Que je t'aime

Que je t'aime

Que je t'aime

Que je t'aime

Voilà ! C'est parfait, tout est dit ! L'auteur aurait rajouté "Que je t'aime, ma belle et douce Doriante", c'eût été moins bien.

Alors pourquoi la vie de Johnny est un chef-d'oeuvre, à l'exception de cette petite noirceur, de cet abcès karmique, qu'incarnait son irascible de père?

Parce que la vie de notre héros a parfaitement coïncidé avec son désir, ou presque ; tandis que pour la plupart des gens, la vie est un désert froid rempli de

rancœurs et d'amertume, ponctué de courts moments ensoleillés qui permettent de tenir un autre jour (j'exagère pour les besoins de la démonstration) et qui

finit dans la solitude et l'oubli cosmique.

Ultimement, ce sera le sort de tous, mais pour les prochaines décennies, la gloriole artistique assure une certaine pérennité. La multitude choisit un individu

pour rester un éternel adolescent qui évolue au gré de ses caprices.

Cela dit, la vraie prospérité est de procréer et d'avoir des enfants qui garderont le souvenir de notre existence.

Johnny a deux enfants de chair et deux enfants adoptés. Ceux-ci ne connaîtront jamais les vicissitudes de la vie matérielle (sauf si le système économique

s'effondre).

Puissent-ils cultiver leur talent comme l'a si bien fait Johnny !

Quelques considérations sur Jean-Philippe Smet

décembre 2017

Le nombre d'artistes qui ont connu une enfance marquée par l'absence du père est probablement significative, quoique peut-être non-pertinente d'un point de vue

statistique? mais qu'importe. Johnny Hallyday, John Lennon, Patrick Bruel, Lino Ventura, Étienne Daho, Françoise hardy, Michel Berger, etc., ont eu un père qui

"s'est fait la belle". (Bruel)

De cette absence naît sans doute un grand besoin de reconnaissance que vient combler un public, à la fois proche et lointain.

À chaque rencontre, l'artiste demande à son public si celui-ci l'aime encore.

De son côté, ce public le choisit comme Dieu et le récompense par les bienfaits de la gloire et pour aussi remplir le manque que tous les individus connaissent

à des degrés divers. L'artiste vit la vie magnifiée des célébrités qui échappe au commun des mortels.

Mais, mlagré la célébrité et ses fastes, arrive-t-on jamais à guérir des blessures de l'enfance?

Johnny achètera à son père un appartement, des vêtements. En bon clodo, son père vendra tous ses cadeaux pour retrouver la rue et sa gnôle. Une vraie peau de

vache à la Céline (l'écrivain !), insensible à la gloire du fils, en vrai rocker, en vrai anar. Des deux, le père restera le vrai rebelle.

Tant pis, pour le remplacer, Johnny a trouvé son objet, son public qui l'aime (l'aimait) tant.

Johnny était à son meilleur avec le public français. Pour l'avoir vu au Festival d'Été de Québec, la chimie n'était pas la même avec un public étranger.

De toute façon, il n'avait pas besoin de conquérir le monde. Le monde pour Johnny, c'était l'Amérique des années soixante, c'est-à-dire l'image idéalisée qu'il

s'en faisait.

L'Amérique qui avait ensemencé la France pour lui donner un enfant, plus ou moins légitime, mais qu'elle avait fini par reconnaître.

Johnny représentait la fidélité au souvenir des années soixante. Toutefois, tout passe : la jeunesse, la vie ; survivent le mythe et l'absence.

*****

D'après Philippe Labro, Johnny était très intelligent... Deux fois prix Nobel de physique nucléaire... Je ne sais pas, accepter de réciter des niaiseries sur

la Septième de Beethoven, est-ce un signe d'intelligence ?

Il avait l'intelligence des gens ayant grandi dans le public. Comme toutes les méga célébrités, il passait, laissant la plupart des gens sur le bord de la

route, insaisissable. Ceux qui entourent les Stones ont aussi vécu cela. Les rois sont seuls.

Restera-t-il dans les mémoires ? Seul le temps écrit les légendes.

La gauchiasse puritaine

décembre 2017

Je regarde Conte D'automne, d'Éric Rohmer, un film qui est sorti en 1998.

Dans le film, il y a un prof de philo qui aime séduire ses étudiantes. Donc, d'après notre gauchiasse, il faudrait que le prof soit traduit en justice.

C'est une idée du PQ et qui explique pourquoi ce parti peut potentiellement disparaître. Forcément ! à force de présenter des idées idiotes.

C'est juste une idée anti-homme dans le prolongement de cette grande purge des pulsions interdites. Bien sûr qu'il y aura aussi des femmes "illégales", mais ce

sera aussi stupide.

C'est stupide parce qu'on infantilise les individus qui sont majeurs quand ils sont au Cégep ou à l'Université (la plupart).

On reconnaît la gauche et son marxiste culturel qui veut modeler les individus. Cette idéologie ne respecte pas la liberté des individus.

Je le vois au Ministère de l'Éducation... (Le devoir de réserve m'interdit d'en rajouter). Il faudrait modeler les enfants selon la bienséance de la rectitude

politique. Certains voudraient aller jusqu'à la théorie du genre.

Quand une société est en décomposition comme le Québec, depuis la défaite référendaire de 1980, toutes les idéologies prennent le pas sur une attitude qui

serait plus? mature? : C'est soit le féminisme, soit la droite libérale, soit la religion depuis 2001 (on sait laquelle de religion), soit le post-national et

son multiculturalisme (tel que représenté par le fils de l'autre, Justin).

On aura beau parler de "vivre ensemble". Il n'y a pas de bonne entente fondée sur la civilité responsable quand un ensemble de lois inspirés par l'idéologie

policent tous les comportements que la gauchiasse estime déviants.

(En ce qui concerne le film de Rohmer, il est assez réussi. Marie Rivière a vieilli en beauté.)

Hommage au colonialisme

décembre 2017

Si les Européens n'avaient pas développé le monde, la plupart des populations - sauf exceptions comme la Chine, le Japon? Et encore ! - seraient encore en train

de faire caca entre deux buissons, à chasser pour survivre et à rendre un culte à la lune ou à la "Pachamama".

J'écoute un reportage sur le Timor oriental, pays envahi par l'Indonésie : "Les effets de l'invasion indonésienne de 1975 et des événements de 1999 ayant mené

à l'indépendance sont bien visibles sur la courbe d'évolution de la population.

La mortalité reste élevée, avec une pauvreté généralisée, et des maladies toujours très présentes, comme la tuberculose, la malaria, la dengue.

Les rares colons Portugais blancs, dont certains vivaient dans la colonie depuis des générations, furent expulsés par l' Indonésie, entre 1976 et 1980. Certains

partirent pour l'Australie et la Nouvelle Zélande, et le reste, au Portugal. Les métis furent autorisés à rester par l'administration Indonésienne, si ils

n'étaient pas pro-Portugais. En 1975, ils représentaient 3 % de la population." (https://fr.wikipedia.org/wiki/Timor_oriental).

Racistes en plus !

Heureusement pour ce pays, l'Australie, pays civilisé, a été généreuse et a partagé les ressources pétrolières à 90% pour le Timor et 10% pour l,Australie.

Mais le Timor est incapable de diversifier son économie. C'est un peu le cas de figure des pays arabes qui ont eu la chance d'avoir des gisements de pétrole.

On connaît le cas de l'Algérie qui excuse sa nullité par le colonialisme, excuse facile. On sait que l'Algérie n'existait même pas avant la France (voir Bernard

Lugan, historien de l'Afrique, https://www.youtube.com/watch?v=WNrxMKiZGxg).

Les Algériens s'expriment bien, grâce aux Français, à la rigueur intellectuelle qui est un produit des lycées à l'ancienne. On aimerait parfois que les

Québécois aient connu les lycées français pour avoir un bel accent international...

Outre, le développement économique, que penser du développement des arts, inégalés et universels, dont nous jouissons encore.

Bref, soyons fiers de notre héritage et de notre patrimoine européens !

(Colomb, Dali, Bach, Baudelaire, Hugo, Picasso)

Je suis un Québécois, un "Blanc" privilégié, et je vous emmerde !

Mes grands-parents, maternels et paternels, ont donné au Québec une vingtaine d'enfants, qui ont eux-mêmes peuplé et contribué à l'avancement du Québec.

À l'époque de mes grands-parents, il n'y avait pas vraiment de filet social. Ils ont vécu dans des taudis. Ainsi, mes grands-parents maternels ont habité les

fameux Cove Fields de Québec (http://www.unehistoirepopulaire.net/2011/10/ 11-les-cove-fields.html) ; ils ont connu, ni plus ni moins, que des conditions de

réfugiés dans leur propre pays.

Malgré tout, ils ont fait leur chemin et leurs enfants et leurs petits-enfants itou! Deux générations plus tard, ces derniers ont eu accès à l'éducation

supérieure : doctorats, maîtrises ; et les professions qui en découlent : avocat, prof, etc.

Bref, les Québécois, que personne n'a vraiment aidés ni soutenus, ont pleinement mérité ce qu'ils récoltent et que nos incompétents de gouvernements de vendus

distribuent au premier venu, qui descend de l'avion ou entre illégalement par une frontière passoire, dans une volonté destructrice de nous assimiler.

Quand on ne se respecte pas, les autres, forcément, en profitent et ne se gênent pour vous cracher à la figure, insultant vos ancêtres.

Ainsi, on entend de plus en plus le point de vue de l'immigrant qui s'identifie aux Autochtones. Une connaissance très approximative de notre Histoire font de ceux-ci les damnés de la terre, comme si les Québécois avaient été de riches seigneurs que les Dieux auraient miraculeusement comblé par le don d'une corne

d'abondance, transformée idéologiquement en "privilèges de Blancs" ("White privilege", un emprunt made in USA, là où règne le paradis des communautés- ironie).

Qu'en voilà une très mauvaise idée ! de ramener le concept de race sur la place publique. Non, nous n'y pensions pas vraiment assis sur les bancs de notre

petite école de Blancs, et, franchement, plutôt sereins, malgré la non-diversité. Mais maintenant le ver est dans la pomme. Cela n'augure rien de bon pour la

société québécoise, du moins ce qu'il en reste quand on sort de Montréal et de ses banlieues.

TFO, anglos, révisionnisme, verglas....

novembre 2017

Le Québec est vulnérable avec ce verglas. Cela peut être une catastrophe potentielle. Y a-t-il un pays qui nous a aidé pendant la crise il y a quelques années?

Je ne me souviens plus.

J'écoute un film sur TFO, un film français de France. La meilleure programmation cinématographique est sur cette chaîne de l'Ontario. C'est quand même curieux.

Comme si la résistance française s'était déplacée?

Mais c'est le Québec qui a permis aux communautés francophones d'exister. S'il n'y avait pas eu le mouvement national québécois, il n'y aurait pas eu de

Constitution en 1982, où nous nous sommes faits avoir, mais dont les Autochtones ont profité, de même que les minorités linguistiques.

Mais dernièrement, le député fédéral, d'origine Cri, le député néo-démocrate Roméo Saganash, déplorait que la prime du bilinguisme ne s'appliquait pas pour les

"Nations" autochtones. Il ne connaît pas la Constitution? La seule chose qui reste de nous, soit de représenter une des langues officielles, il voudrait

l'enlever. Nous ne sommes même plus un peuple fondateur.

Pourtant, comme député, il est censé représenter le Québec!

J'entends à la radio, un autre Amérindien qui veut effacer le nom d'Amherst. Comme c'est bête. Si on efface le nom d'un personnage historique, plus rien ne va

nous le rappeler. Courte vue.

Même chose pour les mots. En France, le ministère de la Culture n'emploiera plus l'expression "nègre littéraire". Voilà qui est stupide ! On efface l'Histoire.

C'est une expression pleinement justifiée. Un nègre littéraire est une sorte d'esclave qu'on emploie pour écrire à la place d'un autre. L'expression a été

forgée au XIXème siècle parce qu'Alexandre Dumas, qui était métis, engageait des aides pour ses romans si volumineux.

Animatrice anglophone régionale à la radio de Radio-Canada, Radio Two. Parfois, j'écoute le début de l'émission. L'animatrice ne semble pas trop malheureuse de

vivre au Québec. Dans la ville de Québec, elle est probablement parfaitement bilingue, je n'en dirais pas autant d'une animatrice anglophone de Montréal. Il

faut croire que cela lui plaît de vivre ici.

Quand nous serons assimilés, ce qui ne saurait tarder, ils vont nous regretter.

Maintenant, la salope de mairesse, Valérie Plante, donne dans le bilinguisme. Cela a commencé. Salope à la QS, quand Françoise David militait contre la loi 101.

Nos multiculturalismes sont à genoux devant toutes les minorités, comme si les Québécois représentaient une force incroyable

en Amérique du Nord.

Notre problème au fond est de ne pas être Noirs, ou être Juifs. Personne ne se retient pour être xénophobe envers les Québécois, dans le meilleur des cas, ou

raciste.

Pour revenir au cinéma français de France, cette manie qu'ils ont de prendre des chansons anglophones dans leurs films. Médecin de campagne avec François Furet,

le Dustin Hoffman français, il est bon. Dans le village, on dansait le country, danse en ligne. Ouille ! Puis le slow, c'était Alleluhia de "notre" Leonard

Cohen. Dans les films français, tournés par des gauchistes, l'étranger est presque toujours magnifié. Les gitans du film sont bien habillés et tout et tout.

Hommage à Lise Payette

novembre 2017

Wikipédia : "En 1980, Lise Payette travaille aussi pour que le nouveau Code civil du Québec permette aux parents de donner le ou les noms de famille de leur

choix à leurs enfants. À partir de ce moment-là, beaucoup d'enfants ont été nommés avec deux noms de famille."

Donc, grâce ou à cause de Lise Payette, la jeune féministe, Léa Clermont-Dion, porte deux noms de famille pour que nous soyons bien certains (au cas où on en

douterait!) qu'un enfant a une mère et un père.

J'écris grâce ou à cause parce que plusieurs généalogistes n'ont pas aimé cette réforme qui compliquent leur tâche quand il faut établir la descendance.

Ceux qui ont tenté d'établir leur arbre généalogique savent qu'on peut parfois s'y perdre...

C'est aussi Lise Payette qui a amené la féminisation des titres, la réforme de l'assurance automobile, et l'apparition de la devise "Je me souviens" sur les

plaques d'immatriculation.

Je me souviens de quoi? De rien! les Québécois ont la mémoire courte et aiment souvent brûler ce qu'il chérissaient hier.

Lise Payette restera aussi dans l'Histoire pour cette gaffe qui a changé le cours du référendum de 1980, la gaffe des Yvettes.

Un mot malheureux et un peu mesquin qui serait resté dans l'oubli si la journaliste souverainiste, Lise Bissonnette, n'avait pas fait de zèle en s'indignant

faussement, en marquant dans son propre but.

Évidemment, les mesquines libérales ont agi stratégiquement en prenant la défense de la femme traditionnelle, la mère québécoise qui restait à la maison, femmes qu'elles n'étaient pas elles-mêmes, puisque c'était le plus souvent des femmes de carrière, politiciennes ou personnalités de la télévision.

On voit que la solidarité féminine est un mythe, bien qu'on ne voit pas pourquoi il y aurait plus de solidarité féminine que de solidarité masculine.

C'est ce qu'on reproche ces temps-ci à madame Payette, à la hâte, parce que je crois qu'il nous manque un élément pour juger : on ne sait pas ce que Léa

Clermont-Dion a raconté à Lise Payette.

Qui sait? Peut-être que Lise Payette a jugé que ce n'était pas assez important pour être mis sur la place publique, que ce n'était pas une agression sexuelle et

que la jeune femme allait briser sa carrière et celle de son ami, Michel Venne.

Ou peut-être, qu'effectivement, elle a été pris en contradiction de féminisme ! Ah! Crimes et infamies! L'heure est grave !

J'ai souvent trouvé les textes de madame Payette pénibles et condescendants envers les hommes. Bon, c'était une féministe de la première heure. On ne comprend

pas cette sorte de hargne idéologique qui semble l'animer(enfin, un peu, je reprendrai l'idée dans un autre texte pour essayer de l'expliquer).

Malgré tout, Lise Payette a eu le mérite de s'engager pour le Québec.

Ses bons coups comme ces mauvais coups sont à l'image du Québec. Ils agissent comme révélateurs du peuple un peu bizarre que nous formons.

Je ne suis pas partant pour me joindre à la horde qui en profite pour jeter sa pierre à une personne qui, souvent, la dépasse de multiples façons.

Appelez-la Lise ! Comme le lys du drapeau québécois.

Québécois, prends ton trou !

octobre 2017

Depuis que les Québécois ont eu la bêtise de se dire Non en 1980, ils en payent le prix.

Ils sont obligés de prendre leur trou d'une façon ou d'une autre et ils sont toujours les dindons de la farce, les perdants ultimes.

Ils sont constamment humiliés, diminuées ; ils sont submergés par l'immigration de masse, un vrai remplacement de population qui est flagrant à Montréal où ils

sont devenus minoritaires ; en plus, ils sont toujours aussi pauvres! Payant, le Canada!

De mémoire, énumérons quelques jalons historiques.

Pierre Elliot Trudeau leur a imposés une Constitution en 1982.

Les accords du lac Meech ont été un échec cuisant.

Les Mohawks les ont vaincus, en tuant (probablement) un policier et en vandalisant des maisons de "Blancs", constituant un territoire dans le territoire.

D'ailleurs, toutes les négociations avec les prétendues "nations" autochtones sont autant de concessions qui favorisent ceux-ci au détriment de la majorité

ramenée au rôle de citoyens de deuxième classe. Le territoire du Nunavit, par exemple, est pratiquement de juridiction fédérale.

En 1995, le référendum a été une vraie farce de la démocratie. Les fédéralistes en profitant pour octroyer en vitesse une nationalité de pacotille à des

immigrants qui en ont deux, et qui ont voté pour que les Québécois n'en aient pas une.

Depuis, on leur impose 50 000 et plus immigrants par année, soit un million d' étrangers en vingt ans. Un peu comme le million de migrants venant de pays arriérés que la folle à Merkel a imposé aux Allemands, mais qui sont, eux, 80 millions. (Vont-ils d'ailleurs pouvoir absorber leur immigration, malgré leur

nombre? Certains en doutent.)

Gérard Bouchard (payé 400 000 dollars) et Charles Taylor (150 000$) sont venus leur donner des leçons de morale sur le sort réservé aux communauté religieuses

dont il faudrait accepter toutes les bigoteries après en avoir fini avec celles du catholicisme.

L'ethnie franco-québécoise, j'emploie cette expression parce que la Constitution canadienne nous a transformés en "communauté" ethnique comme une autre, si elle

ne prend pas son destin en main, sera marginalisée. Elle l'est déjà. Il y a Montréal et le Reste-du-Québec.

Le dernier trou que les Québécois prendront sera le trou de la fosse historique des peuples disparus dans l'indifférence générale.

Le revenu de base ou revenu universel

octobre 2017

Wikipédia: Le revenu de base ou revenu universel est un revenu versé par une communauté politique à tous ses membres, sur une base individuelle, sans conditions

de ressources ni obligation ou absence de travail. L'âge est parfois un critère discriminatif. Ce mode de fonctionnement économique est appliqué dans quelques

pays ou à titre expérimental dans certaines zones.

https://fr.wikipedia.org/wiki/Revenu_de_base

Dans les pays où il a été mis en vigueur, il semble avoir des effets bénéfiques.

C'est peut-être, en partie, une solution pour un monde plus égalitaire.

Évidemment, comment instaurer un revenu universel dans un pays en guerre?

L'idéal serait de pouvoir les mettre en tutelle, ce qui impliquerait une forme de gouvernance mondiale.

Pour les glandeurs comme moi, ce serait bien... Mais en fait, ne pas devoir travailler enlève au travail cet aspect déplaisant de contrainte et libère peut-être

une forme d'énergie pour des occupations créatives.

Les êtres humains sont devenus tellement prisonniers d'une conception pessimiste de la condition humaine que l'idée d'un bonheur possible qui n'impliqueraient

pas la souffrance et le devoir leur échappe.

L'avenir improbable du Québec

octobre 2017

Après plusieurs séances de médiumnité avec le grand explorateur et marin de Saint-Malo, j'en arrive à la conclusion que le seul espoir de l'ethnie franco-

québécoise est la partition du territoire québécois.

Si Montréal et ses quelques banlieues (Longueil, Laval, Brossard, etc.) ne sont pas séparées du Québec, le cancer de l'immigration va se répandre sur tout le

territoire québécois. Après Montréal, une ville où les francophones sont minoritaires, nos gouvernements de traîtres vont favoriser l'immigration dans les

autres villes du Québec.

On le voit un déjà un peu dans la ville de Québec qu'on disait trop blanche, être Blanc étant devenu la pire des calamités... Maintenant, on croise souvent des

femmes voilées...

Allez, on vous laisse Montréal et, en plus, tous les membres du PLQ et de QS ; Guy A. Lepage et la clique du Plateau ; les Anglos, les Grecs, les Juifs, les

Musulmans et Montréal-Nord Républik, les antifas, les quêteurs, les drogués et les punks qui nettoient les pare-brises : chanceux, va !

Pour le développement économique du Québec (ce qu'il en resterait), il serait bon aussi de créer un territoire pour les Autochtones parce que la moindre

exploitation du territoire est un problème quand il faut négocier avec eux. Les Autochtones pourraient ainsi assurer le développement complet de leurs

""""""nations"""""" sans la condescendance de ce qu'ils nomment les Européens. Libres à eux de s'associer avec le reste du Canada pour continuer à recevoir ce qu'ils considèrent être leur dû pour avoir été spoliés (les subventions).

L'ethnie franco-québécoise pourrait également envisager d'acheter une île déserte, vraiment déserte! dans le Pacifique ou l'Atlantique. Ou acheter l'île

d'Anticosti.

Rendu à ce point-ci de notre Histoire, ce projet qui semble chimérique est peut-être plus réaliste que la souveraineté!

Mais n'oublions pas qu'Israël paraissait un rêve bien utopique au dix-neuvième siècle...

Les Rocheuses?

octobre 2017

Les Rocheuses et votre passeport, vous pouvez vous le mettre là où le dos perd son nom !

Grâce à mes insomnies, j'apprend, à la radio de CBC, l'existence de Frank Gehry, grand architecte canadien de réputation internationale, né à Toronto.

Si le Canada, les fédérastes, nous avaient parlé des artistes, des créateurs, des inventeurs canadiens au lieu de tout ramener à la banalité matérielle, peut-

être... Non, personnellement, je serais resté souverainiste, mais au moins je n'aurais pas pensé que le Canada est un pays de glands.

Oui, il y a plein de grands Canadiens et de gens sympathiques dans ce pays, là n'est pas la question.

Il y en a aussi qui nous détestent. Et ils nous détestent encore plus depuis que nous avons brisé l'idée

qu'ils se faisaient de ce beau grand pays! Nous les avons traumatisés. (Voyage au bout du monde en 2002, en Argentine, des Canadiens anglais en discutaient

toujours dans l'avion !) Un peu comme les Mohawks l'ont fait, il faut bien le dire, en 1990 au Québec.

Depuis, qu'ils ne se demandent plus "What Quebec wants", et qu'ils ont enterré les débats constitutionnels, puis ils ont découvert les Autochtones (prenant

parti pour les Mohawks), parés de toutes les vertus de la victime historique idéale, et, apparemment, ils semblent avoir embrassé le rêve multiculturaliste de

Pierre Elliot Trudeau, mais sur cette question j'ai des doutes.

Ils sont dans cette période de grande fraternité gauchiste, mais le retour du refoulé finira par leur faire rejeter cette mode de la bien-pensance. On sait que l'Anglo-Saxon est un aristocrate. Il tolère le paysan si celui-ci reste dans ses quartiers définis, avec sa vie parallèle. Il n'assimile jamais comme la France

le faisait depuis jusqu'à tout récemment, quand elle le pouvait, quand elle n'était pas envahie par les hordes africaines.

Bref, vivent le Québec, la Fance et le Canada libres !

Attention aux calomniateurs !

octobre 2017

225

Un calomniateur sur Twitter m'a obligé à changer de pseudo, d'adresse.

Je n'ai pas les moyens de le mettre en demeure en payant un avocat.

Faudrait voir si les autorités (la police !) prennent au sérieux ce genre de crétin.

Je n'avais pas envie d'attendre pour avoir des enquêteurs sur le dos.

En lisant ces tweets, je vois que c'est, en plus, un vrai arrogant qui ne sait pas argumenter.

De grands voyages

Je suis né en 1491 à Saint-Malo et je suis mort en 1557.

Je me suis réincarné quatre cents ans plus tard.

Quand je suis arrivé au Kanata, je croyais avoir trouvé un chemin pour me rendre en Asie. Hi hi ! Pas très fort le mec !

Mais il n'y avait pas de GPS à l'époque.

Tout était à faire.

J'ai aussi vogué le long des côtes de l'actuel Brésil.

"Cartier / Cartier / Oh Jacques Cartier ! si t'avais voyagé à l'envers de l'hiver..."

Comme le chante mon ami Robert Charlebois, entre deux bières, joints, tu pourrais faire quelque chose...

Les hommes n'étaient pas des mollassons en ce temps-là.

On leur donnait des ordres et ils exécutaient.

C'est ainsi qu'il y avait dans mon équipage quelques repris de justice que nous avions trouvé dans

les prisons de sa majesté du roy François premier. Autant qu'ils se rendent utiles au royaume de France.

Bref, pour faire une histoire courte, allez sur Wikipédia si vous désirez en connaître plus, le Kanata n'a pas vraiment rempli ses promesses, pas d'or, peu de

richesses, une terre aride et froide, des cannibales et des coupeurs de scalps.

Enfin, je vois que vous avez quand même réussi à bâtir moult maisons et même un pont tout croche qui porte mon illustre nom.

À la revoyure!

Le marronnier du 8 mars

("Un marronnier en journalisme est un article ou un reportage d'information de faible importance meublant une période creuse, consacré

à un événement récurrent et prévisible.").

Le 8 mars, c'est la journée de l'homme? Une consécration de son génie?

Mais non, je sais, c'est la Journée de la femme ou des femmes, on ne sait plus.

Donc, vous le savez, malgré les nombreux progrès, "les acquis restent fragiles", "il faut demeurer vigilantes", "féminisme aussi longtemps qu'il le faudra",

écrit-on sur une affiche syndicale, c'est-à-dire jusqu'à la fin des temps parce qu'il y a et qu'il y aura toujours quelque part un cas de misérabilisme à

ajouter au martyrologe de la cause.

Suivent une série de statistiques assommantes, que personne ne vérifie, sorties de leur contexte, comparant des pommes et des poires (la femme gagne 60% du

salaire de l'homme...), qu'il faut croire sur parole, et dont le but est de faire taire toutes formes de critiques.

Une vie, c'est une vie. Toutes se valent et s'équivalent. Celle d'une femme vaut celle d'un homme qui vaut celle d'une femme ; celle d'un vieillard vaut celle

    d'un enfant.

Cela dit, dans un contexte social, il est normal de protéger les plus vulnérables, les enfants en particulier.

Et les femmes? Acceptent-elles d'être vulnérables ou jouent-elles au Captain Marvel? Ah ! Vous ne trompez personne même avec ces tatouages !

Cela dit, le féminisme est une chose et les femmes en général en est une autre. Rendons gloire et saluons toutes les femmes quand elles ne sont pas trop

    acariâtres et rongées de ressentiments : serveuses de café, caissière, ingénieure, etc.

On dit souvent que les femmes n'ont pas de génie. C'est vrai la plupart des cas, mais il y a des exceptions comme Martha Aygerich, la pianiste classique, et

    Vkgoeswild, cette pianiste ukrainienne qui se diffuse sur YouTube.

Julien Clerc qui plaisait aux femmes, je crois, a chanté la femme.

On pourrait croire qu'il est démago, le mec, quand on l'entend bêler son poème ! Mais les paroles de sa chanson sont plus nuancées. Son auteur, Jean-Loup
Dabadie, souligne les contradictions et les faiblesses des femmes (voir les paroles plus bas).

Les femmes sont comme les hommes comme individu, avec des qualités et des défauts. En général, avec des qualités qui sont différentes. Elles sont souvent plus
empathiques. Donc on les retrouve souvent comme infirmières ou institutrices, des professions qui demandent un contact personnel.

Mais maintenant, elles sont aussi plus nombreuses en médecine et dans le droit. Par conséquent, cela va aussi changer ces professions traditionnellement
masculines.

Je travaille avec des femmes et, en général, cela se passe bien. Ma patronne est une personne très gentille et normale.

Ce qu'on dit des hommes, on peut aussi le dire des femmes. Il y a eu des situations où la patronne (la patronne de ma patronne) ou une femme hiérarchiquement supérieure a un caractère de merde, et elle fait chier tout le monde. Peut-on généraliser? Il y a aussi des hommes qui sont difficiles à côtoyer au travail.

Politiquement, cela se gâte !, les femmes occidentales sont une catastrophe ! Elles ont socialisé la culture occidentale. Si l'Occident s'effondre, elles en
 seront en grande partie responsables. On se demande parfois si leur accorder le droit de vote a été une bonne chose pour la société !

Le youtubeur Black Pigeons Speaks est devenu célèbre avec un vidéo intitulé : "Why women will destroy civilisation" (ou un titre voisin!). Son clip a été
 censuré depuis, mais il y a toujours l'explication de celui-ci :
 How women dismantle nations and other uncomfortable truths
 https://www.youtube.com/watch?v=kOMkl3ApTK0&t=3s

Maintenant, la mode est de dénigrer l'homme Blanc. Comme toutes les modes idéologiques, elle va passer, mais que restera-t-il après cet exercice maniaque de
 déconstruction? En vrai, ce n'est pas l'homme Blanc que l'on cherche à abattre, ou à castrer?, mais plutôt les fondements de la société démocratique.

Il faudrait prendre garde de ne pas jeter le bébé avec l'eau du bain !

Bon 8 mars !

Femmes... je vous aime
Julien Clerc
Quelquefois
Si douces
Quand la vie me touche
Comme nous tous
Alors si douces
Quelquefois
Si dures
Que chaque blessure
Longtemps me dure
Longtemps me dure
Femmes, je vous aime
Femmes, je vous aime
Je n'en connais pas de faciles
Je n'en connais que de fragiles
Et difficiles
Oui, difficiles
Quelquefois
Si drôles
Sur un coin d'épaule
Oh oui, si drôles
Regard qui frôle
Quelquefois
Si seules
Parfois elles le veulent
Oui mais, si seules
Oui mais si seules
Femmes, je vous aime
Femmes, je vous aime
Vous êtes ma mère, je vous ressemble
Et tout ensemble mon enfant

Mon impatience
Et ma souffrance
Femmes, je vous aime
Femmes, je vous aime
Si parfois ces mots se déchirent
C'est que je n'ose pas vous dire
Je vous désire
Ou même pire
O, femmes
Paroliers : Jean Loup Dabadie / Julien Clerc

mercredi, 28 décembre 2022

Mes pays préférés et pourquoi?

Quels sont mes pays préférés et pourquoi et pourquoi on s'en fout?

Oui, j'imagine, mais je vais quand même l'écrire !

D'abord, il faut dire que je n'ai pas visité la majorité d'entre eux, par conséquent il s'agit forcément d'un avis subjectif.

Et puis, évidemment, nous idéalisons les autres pays comme nous ne sommes pas en lien direct avec l'âme des habitants de ces pays qui partagent les avantages dudit pays mais aussi les inconvénients, les peurs. Les habitant d'un pays en connaissent les défauts et souvent ils ne voient que ceux-ci tandis que le visiteur, le touriste, ou l'observateur sociologique en perçoivent la beauté immédiate.

Bon, à vue de nez : l'Islande. Ce pays s'est fait connaître ces dernières décennies. Le nombre de visiteurs a augmenté. On ne connaissait pas et on s'est aperçus que c'était un pays occidental, ancienne colonie du Danemark. Une population blanche, homogène, le constitue. La population est limitée, le moins que l'on puisse dire, on peut les compter, 390 mille habitants tout juste. Le pays est tellement bien situé, une île qui ne risque pas d'être envahi ! Si un jour, les Islandais décident d'ouvrir la porte à l'immigration, ce sera un choix.

Un pays européen l'a moins puisque les soi-disant migrants envahissent l'Europe ou l'Amérique du Nord.

Justement mon autre pays favori, qui a colonisé l'Islande, le Danemark a sagement opté pour limiter l'immigration, constatant les inconvénient que celle-ci amène.

Le Danemark a une population sage, rationnel, à la scandinave. On dit, d'après les sondages que c'est un des pays les plus heureux de la Terre. C'est à voir, ça semble vrai. Les Danoises sont peut-être mois jolies que les Suédoises, mais quand même !

Ces petits pays ont l'avantage d'être petits et homogènes, ce qui permet d'aller dans la même direction et d'aller plus vite.

Ajoutons la Norvège. Je n'y pensais pas. En écrivant, cela me vient. La Norvège est prospère grâce au pétrole.

Parmi les inconvénients : la mentalité gauchiste à la scandinave, le féminisme qui détruit la cohésion sociale, comme en Suède.

Bon, passons à plus grand : le Japon. Quel beau peuple ! C'est ce qui fait toute la différence. Des gens pacifiques, disciplinés, respectueux des autres et de l'environnement ; une culture riche et millénaire. Certains vont leur reprocher leurs exactions pendant la guerre sino-japonaises ou leur attitude durant la Seconde Guerre Mondiale. Bah ! Il n'y a que les Québécois pour vouloir être plus vertueux que le pape! Reproche-t-on aux Américain Hiroshima, Nagasaki ou le Vietnam? Rarement. Pourtant, ce sont de francs salauds !

Passons à l'Amérique. Un pays que j'ai visité de l'intérieur (?) ayant eu une fiancée de ce beau pays : l'Argentine. Malgré leur sempiternelle problème économique, l'Argentine est géographiquement magnifique. Pays tropical au nord et avec des glaciers au sud, comme c'est curieux! Buenos Aires est une ville avec une ambiance particulière, dit-on, construite en hauteur. L'été dure quatre mois. Un climat semblable au sud de la France. Ce qui fait la différence encore une fois est l'homogénéité de la population. Malgré la diversité des origines, tous les habitants se sentent Argentins et Argentines. Ils ne sont pas assez fous pour promouvoir la diversité culturelle, comme le stupide Canada qui commet un suicide post-national avec l'immigration de remplacement et le multiculturalisme.

Je suis aussi attiré par le Chili, un pays à l'économie plus prospère que son voisin argentin. Les habitants de ces deux pays ne s'aiment pas beaucoup, curieusement. Je crois savoir que les Chiliennes sont parfois très jolies.

Voilà, c'était une courte exploration de la géosphère et du pourquoi du comment. Si je songe à autre chose, j'y reviendrai.

jeudi 22 septembre 2022

Le Québec moribond

Comme je remontais la rue Sainte-Catherine impassible

Je ne me sentis plus guidé par le Théâtre du Nouveau Monde

Cette église de l'autre côté de la rue était fermée et en réparation

Sans doute était-elle désertée le plus souvent

Même en ce 23 décembre

Personne n'allait la faire chanter le 24 au soir

Là c'était la soupe populaire où on servait les nouveaux sans-abris

Des autochtones à moitié-ivres, des Africains, négritude perdue dans la grande ville, des difformes, des drogués, quelques de-souches en minorité

Puis j'aboutis au complexe Desjardins pour manger un club-sandwich

Un quêteur vint me quémander un morceau avant que la sécurité le fasse sortir

Puis j'allai où on présentait un spectacle de Noël

Il y avait quelques voilées qui devaient trouver cela très exotique

Dans leur pays, elles seraient lapidées

Il y avait des Asiatiques, toujours laborieux

Ce n'était pas les plus brillants de l'Asie : Corée du Sud, Chine...

Ce sont nous, les Occidentaux, qui deviendront leurs Chintoks

Voyageurs improbables en Thaïlande, éternels étrangers, éternels errants

C'est mieux ailleurs, comme la fille du personnage principal de Jésus de Montréal

Elle voyage, elle personnifie le Québec ouvert sur le monde

Tellement ouvert que sa maison n'a plus de portes, n'a plus de fenêtres

Tout le monde entre et dans quelques années il n'y aura plus rien à piller

Mais notre belle Québécoise voyage et le monde est si merveilleux, les autres cultures qui ont conservé un peu d'authenticité

Parce que pendant que nous célébrons la différence, d'autres sont restés eux-mêmes, ils ont encore un pays une culture, qu'ils visitent quelques mois par année en vivant des programmes sociaux que les stupides Québécois donnent à tous, solidaires jusqu'à la folie, Québec solidaires, man ! Bonjour, Hi ! Servez-vous ! Mi casa es tu casa !

Comme je remontais la rue Sainte-Catherine impassible

Je réalisai que le coeur du Québec n'était plus à Montréal

Le coeur du Québec s'est envolé vers Québec, mais il est devenu un fantôme et bientôt il quittera aussi ce monde, il ne sera plus nourri par la sève de ses défricheurs, de ses bâtisseurs, nos ancêtres, que nous n'avons pas su honorer, dont nous n'avons pas su faire fructifier le patrimoine.

Peuple con et bête qui sera relégué aux oubliettes de l'Histoire.

jeudi 15 septembre 2022

Lénifier la Reine ? Bonne idée !

J'ai une bonne idée pour les Anglais et la famille royale qui aiment tant leur reine défunte.

Pourquoi ne pas la "lénifier" comme la Russie communiste a fait quand le camarade Lénine s'est envolé au paradis du matérialisme dialectique ?

Une prouesse technique qui est est, depuis, une attraction touristique d'un grand intérêt (?) pour les amoureux des phénomènes de cirque.

La visite du mausolée de Lénine est incontournable si vous visitez Moscou et que vous ne craignez pas les bizarreries.

Oui, je sais, ça fait peur ! mais c'est quand même une prouesse technique. Je pense que les Russes seraient très heureux de vendre le procédé de conservation aux Anglais et ce serait excellent pour le rapprochement diplomatique entre les deux nations.

On imagine le soir après la fermeture de l'exposition de la reine ouverte au public, le prince Charles, maintenant le roi Charles numéro Trois pourrait la montrer à ses petits-enfants ;

"Regardez les enfants, c'est "Darling Momy, votre grand-mère. Vous voulez un peu de plum-pudding ? Allons prendre le thé maintenant. Bonsoir, maman."

Avons-nous besoin de tous ces députés ?

En cette période d'élections, je songe à notre démocratie ?

Y a-t-il une autre forme de démocratie possible ?

Comme le Québec est mort, on pourrait peut-être voir nos élus comme nos employés engagés pour exécuter des tâches spécifiques.

Avons-nous besoin de tous ces députés ? On connaît le principe, un élu est censé représenter 50 000 citoyens, mais dans les faits, une fois élus, ces députés écoutent-ils vraiment la population ?

Avez-vous déjà été voir votre député ? Moi, non. À quoi servent-ils ? Ah ! je suis sûr qu'ils doivent remplir certaines fonctions parfois et intervenir en la faveur soit d'un individu ou d'un organisme.

Mais si on engageait seulement un parti qui nous présenterait déjà un cabinet fantôme ? De cette façon, on pourrait vraiment choisir en fonction des compétences.

Les citoyens étudieraient leurs parcours et évalueraient leurs compétences. Telle personne ferait un super ministre de l'éducation ; telle autre serait un ministre de l'économie très pointu avec tous ces diplômes.

Les employeurs engagent toujours les employés qu'ils croient être les meilleurs pour un emploi spécifique. Pourquoi cela ne pourrait pas être semblable avec nos élus ?

À long terme, on ferait des économies, de petites économies, mais quand même.

On pourrait aussi utiliser Internet pour plus de démocratie directe, peut-être pas à tous propos et à tout bout de champ. Moi, je dois dire que le "citoyen" qui aurait son mot à dire me rend sceptique. Je n'ai pas plus confiance à la parole soi-disant "citoyenne" comme si elle était auréolée d'une incroyable sagesse. Le citoyen moyen charrie souvent plein de sophismes et de bons sentiments à usage externe.

Bref, c'était quelques idées...

jeudi 8 septembre 2022

L'avenir des pays occidentaux, ce sont...

L'avenir des pays occidentaux, ce sont les ghettos. Les ghettos de riches qui s'organisent en communautés fermées avec des grilles et des gardes privées pour la sécurité. Ou ce sont les ghettos du communautarisme : soit tel groupe ethnique qui se rassemble parce qu'ils ont des affinités culturelles, la même origine ; et ils finissent par former "La petite Italie", ou "Le petit Vietnam", ou les fameux "Chinatown". Ensuite, les locaux vont se promener le dimanche dans ces quartiers ethniques qu'on trouve parfois pittoresques... Ou bien le contraire, ce ghetto particulier devient une zone qu'on évite à tous prix ! parce que ce sont des quartiers non-sécuritaires.

Si le multiculturalisme fonctionnait, cela se saurait. Il faut être aveugle ou un membre de QS pour constater que les États-Unis n'ont jamais réussi à intégrer les Noirs issus de l'esclavage, malgré les programmes d'intégration (le "bussing" et les bourses pour les études supérieures). Chicago est une ville violente (certains quartiers). Los Angeles est livré aux gangs de "latinos" ou de Noirs qui se tuent entre eux, comme c'est devenu le cas à Toronto ou Montréal.

Pourquoi en est-il ainsi? Il en est ainsi parce que qui se ressemble s'assemble. Si les pays se sont formés, c'était pour donner à un groupe donné son territoire. La nation est une entité cohérente qui permet à des individus ayant la même origine de s'épanouir naturellement. L'être humain, contrairement à ce que croit le matérialisme qui est la philosophie à la base des mouvements gauchistes, n'est pas une terre vierge qu'on peut modeler à notre guise et qui n'aurait aucun déterminisme à la naissance.

Photo :

Publicité D'Air Canada : le Canada est en amour avec la négritude. Ce sont les Africains qui vont nous remplacer. On a vu les miracles technologiques qu'ils ont faits sur leur continent, au Wakanda par exemple !

(Wikipédia : Le royaume du Wakanda est un pays fictif d'Afrique de l'Est présent dans l'univers Marvel de la maison d'édition Marvel Comics. Créé par le scénariste Stan Lee et le dessinateur Jack Kirby, ce pays apparaît pour la première fois dans le comic book Fantastic Four #52 en juillet 1966.

jeudi 25 août 2022

Japon : pays civilisé.

Tokyo, le soir on dirait Times Square multiplié par dix, c'est noir de monde, beaucoup de jeunes. Il n'y a pas de ces sales tags et graffitis comme ici.

https://www.youtube.com/watch?v=ThTZ0o31hFc

Que le Japon ne s'ouvre surtout pas à la soi-disant "diversité", ces parasites internationaux !

On en voit quelques-uns ici et là au détour des rues du Tokyo de la nuit. Ils font portiers de bar?

Courtney Love, avant de faire un beau mariage et d'hériter du travail de son époux (Kurt Cobain - qu'elle a fait assassiner d'après certains) a été strip-teaseuse au Japon.

Les Japonaises sont souvent jolies, bien mises ou originales. On dirait parfois le casting d'un film de Fellini !

Je suis sûr que le Japon a ses zones d'ombre, mais quand on compare...

Pour revenir aux tags et aux graffitis, ici, ils sont systématiques, systémiques? Un symptôme de l'esprit malade de nos jeunes qui s'imaginent révolutionnaires en déféquant sur le mobilier urbain.

Je déteste de plus en plus l'Occident ! Quelle décadence ! Plus on tourne à gauche, plus on devient con. Et, en plus, ça se dit écologique et voulant "sauver la planète", expression ampoulée : la planète !

Les Japonaises sont souvent jolies, bien mises ou originales.

jeudi 18 août 2022

Réflexions de Kant sur nos pubs africaines qu'on nous oblige à regarder

Kant écrit ceci dans l'ouvrage Géographie physique :

"Dans les pays chauds, les hommes mûrissent plus vite à tous égards, mais ils n'atteignent pas la perfection des zones tempérées. L'humanité atteint la plus grande perfection dans la race des Blancs. Les Indiens jaunes ont déjà moins de talent. Les Nègres sont situés bien plus bas"

Puis :

« Les Blancs possèdent toutes les impulsions de la nature dans les affects et les passions, tous les talents, toutes les dispositions à la culture et à la civilisation et peuvent aussi promptement obéir que gouverner. Ils sont les seuls avançant toujours à la perfection »

samedi 23 avril 2022

Le peuple est con !

"Dieu est mort", affirmait le Zarathoustra de Nietzche. Depuis, le peuple est souverain. Il faudrait lui faire une confiance absolue, comme s'il avait forcément la sagesse universelle.

Permettez-moi d'en douter. Si le peuple était si sage, le Québec serait souverain. Mais en 1980, le matriarcat québécois qui se transforme en féminisme, selon les circonstances, a castré les Québécois, trop fières de remettre René Lévesque à sa place...

Les politiques qui veulent se montrer progressistes proposent le RIP ; le référendum d'initiative populaire. Marine LePen le propose dans son programme de présidentiable. Mélenchon propose à Constitution "citoyenne".

Que de naïvetés !

En Suisse, les référendums sont courants. Cela fait partie de leur culture démocratique et les Suisses ont la discipline pour le faire. :e plus souvent, dans les autres pays occidentaux, les "citoyens" niaisent les consultations publiques avec des taux d'abstention qui peuvent atteindre de grands pourcentages. Ensuite, on se demande pourquoi tout va mal !

La démocratie fonctionne quand on fournit un minimum d'efforts : soit s'informer dans un premier temps, et dans un deuxième temps ne pas être paresseux et lever son cul pour aller voter !

Marine Lepen est sûre que si on proposait un référendum sur l'immigration , le bon peuple serait pour l'arrêt du remplacement de la population?

Je ne suis pas sûr, moi ! Le peuple est con, il gobe tout ! Après la paranoïa covid, c'est l'hystérie anti-Russe, qui a remplacé l'hystérie anti-Trump, et demain ce sera autre chose...

Et pourquoi voulez-vous que le peuple écrive la Constitution? Qu'est-ce que le "citoyen" lambda connaît des lois, des grands textes qui forment la base de nos sociétés?

Moi, je n'ai pas confiance! Je veux des experts !

La sagesse du peuple, on l'a vue après la Révolution française ou la Révolution soviétique, ou après la Révolution cubaine : des tueries gratuites, de la barbarie, de l'arbitraire.

Bon, si le peuple est con, que reste-t-il? Les élites? Elles nous ont aussi trahis en Occident, mais ce n'était pas le cas avant. "Le futur est le passé", comme le pense le site de Red Ice TV? Peut-être. Soyons réacs !

vendredi 1 avril 2022

Le vote : un privilège

J'avais déjà écrit sur le privilège de voter (voir plus bas).

Certains vont refuser en citant Sartre : "Élections, piège à cons". Sartre était communiste, un système dictatorial qui n'a jamais fonctionné.

La démocratie ressemble à ses électeurs. Et les politiciens ressemblent au pays qu'ils dirigent. Mais tout cela nous déplaît et nous refusons de l'admettre si nous renvoyons tout le monde dos à dos.

Votre est un droit mais cela ne devrait-il pas être plutôt un privilège?

1) On devrait pouvoir voter par Internet puisqu'on peut déjà remplir sa déclaration d'impôts par Internet. Je suis sûr qu'on peut trouver un moyen d'éviter la fraude ;

2) Chaque électeur devrait avoir une carte de votant avec sa photo, pour voter en personne si on ne vote pas par Internet ;

3) Les résultats doivent être connus le jour de l'élection pour éviter les fraudes comme celles qui ont fait perdre la présidence à Donald Trump ;

4) Les immigrants devraient avoir le droit de vote après dix-huit ans de résidence dans le pays ;

5) Les personnes qui décideraient de ne pas voter perdraient leur droit pour l'élection suivante. On ne niaise pas la démocratie! ;

6) Devrai-on réserver le droit de vote à ceux qui paient des impôts? Ou carrément payer pour voter? Il faudrait y réfléchir.

C'était quelques idées sur le vote. Je suis pressé... merci. Au revoir.

mardi 28 février 2017

Élections : piège à cons?

Élections : piège à cons, comme l'affirmait Jean-Paul Sartre?

Non, au contraire, les élections sont la seule solution possible.

Bien sûr, vous pouvez signer la dix-millième pétition qui vous rappellera vos luttes estudiantines.

Vous pouvez aussi participer à la manif du siècle.

Les manifs étudiantes de 2012 au Québec ont surtout réussi à diviser le Québec et à renforcer la droite colonisée de Québec et le PLQ.

Aux élections suivantes, une partie de la jeunesse a oublié de voter.

Grand progrès social!

Et que penser des mouvements coopératifs, de la politique au niveau local?

Sans doute, mais pour décider des grandes orientations, de la direction du navire, votre petite barque ne changera pas le mouvement, elle risque plutôt d'être emportée dans le sillage du gros paquebot de l'État.

Et la révolution de la rue?

Si les Québécois étaient des révolutionnaires, cela se saurait !

Ils le furent en 1837.

Dans les années soixante, il ne restait plus qu'une bande de jeunes idéalistes qui ont sacrifié leur liberté pour la masse passive qui a regardé passé les convois de l'armée canadienne en octobre 1970.

Ces jeunes idéalistes se sont transformés en idiots utiles de l'extrême-gauche. Ils ne révolutionnent que les vitrines éclatées de Starbuck, puis se sauvent en jetant leurs vêtements noirs pour aller retrouver le sous-sol de leur parent dans une banlieue cossue et endormie. Ensuite, ils s'envoient des textos en dénonçant les élections, piège à cons.

Par conséquent, si vous voulez le Brexit, Trump, Marine Le Pen, la souveraineté du Québec, allez voter. Et si vous ne les voulez pas, allez aussi voter.

jeudi 17 mars 2022

Le phénomène MGTOW

Pendant un temps, on aurait pu croire que le mouvement MGTOW allait devenir quelque chose d'officielle, repris par les médias de tout-le-monde, un mouvement social analysé par de brillants sociologues ou par Richard Martineau.

Mais non! Sandman, "Hi, Everyone ! It is Sandman here !", est le pseudo d'un homme anonyme qui vit à Toronto et qui a réalisé des milliers de vidéos sur YouTube avant d'être censuré. Lui-même. un MGTOW assumé, a présenté le mouvement et a gagné un paquet de fric avec ses discours sur la méchanceté des femmes modernes, leur narcissisme, leur arriviste, leur égoïsme profond, leur malhonnêteté intellectuelle. Bref, il a décrit comment le féminisme occidental les a rendus folles ou a révélé leur nature profonde, diraient certains.

MGTOW signifie, si vous ne le savez pas encore, Men going their own way, c'est-à-dire les hommes qui vivent leur vie sans songer à faire d'une relation avec une femme le point central de leur vie. Ces hommes ne croient plus qu'il soit possible d'établir une relation saine avec les femmes occidentales fondée sur l'amour et l'attraction naturelle entre les sexes.

Sans adhérer au MGTOWnisme, de nombreux hommes les imitent en refusant de se marier. Ils font un choix logique, affirmait une doctoresse en sociologie (Dr Helen Smith), puisque le divorce leur fait perdre la moitié de leur patrimoine, leur fait perdre aussi la garde de leurs enfants, le plus souvent.

https://www.youtube.com/watch?v=BoXQf2f2Yxo

Le mouvement MGTOW n'a pas atteint une grande renommée parce qu'il est sans doute trop radical. Il change trop la perception que nous avons de la société et des femmes. C'est comme ces gars éduqués dans le féminisme et qui savent de quoi il s'agit, et qui finissent par lever les yeux en l'air ou se regardent sans avoir besoin de formuler quoi que ce soit. Ils savent qu'ils sont discriminés mais hey ! What the fuck !

Sandman sur YouTube: https://www.youtube.com/user/SandmanMGTOW

Karen Straughan :

Même point de vue critique sur la dynamique des sexes de nos jours.

https://www.youtube.com/watch?v=rlvMAS_20K4

jeudi 10 mars 2022

Seriez-vous prêts à quitter le Québec?

Débat intéressant sur RadioInfoCité, une radio souverainiste qui diffuse sur Facebook et YouTube.

Seriez-vous prêts à quitter le Québec? Animé par Aymerick Saint-Marseille

https://www.youtube.com/watch?v=iLXrNry8Qi8

Une souverainiste et un fédéraliste ont fait ce choix, s'exiler, la première au Mexique et l'autre en Floride, excédés par les impôts excessifs qui ne fournissent plus des services de qualité ; le climat social au Québec, en particulier la domination du discours de gauche dans l'espace social; et plus récemment, la façon dont le gouvernement a géré le Québec en temps de pandémie.

C'est une question qui va se poser de plus en plus. Le Québec comme plusieurs sociétés occidentales a adopté un "modèle" de type sociale-démocratie, à la scandinave. Beaucoup de services qu'il faut payer avec des taxes et des impôts qui finissent par engloutir la moitié de votre salaire.

Cela dit, c'est un type de société qui peut réussir et qui réussit encore dans certains pays comme l'Islande, le Danemark et la Norvège.

Ces pays ont en commun d'avoir un nombre d'habitants réduits : en Islande, la population est de 366 425 habitants !

Ce sont des pays dont la population est homogène. Le nombre d'étrangers est limité. Cela maintien la cohésion sociale.

Comme contre-exemple, on peut choisir le Québec, la France et la Suède. Ce dernier pays a longtemps été le modèle de la sociale-démocratie. Que s'est-il passé? La Suède a fait l'erreur de s'ouvrir à la diversité pour devenir, entre autres, le pays d'Europe qui enregistre le plus d'agressions sexuelles, pas très loin derrière l'Afrique du Sud. Les étrangers se retrouvent souvent sur les programmes de l'aide sociale. C'est le tonneau des Danaïdes puisque les dépenses grossissent de plus en plus mais les revenus ne compensent plus ce trou percé. C'est à son dynamisme que le Suède doit de ne pas avoir explosé !

Une autre tare des pays sociaux-démocrates est l'idéologie de gauche qui renferme en lui-même sa propre destruction. Le gauchisme et toutes les théories de la déconstruction ont si bien réussi à déconstruire que le tissu social se délite, les liens se dénouent et la société devient un champ d'antagonismes. Dans le cas de la Suède, le féminisme hystérique a fini par détruire la cohésion sociale, un peu comme au Québec qui a vu le féminisme de droite des Yvettes empêché l'émancipation de cette société originale.

On peut prévoir que l'exil des Occidentaux va s'accélérer. Pourquoi continuer à vivre dans des sociétés où une grande partie des salaires entretient des communautés disparates, et parfois antagonistes, qui vivent côte à côte sans former une seule société qui irait dans la même direction?

Peut-être que les Québécois deviendront les nouveaux juifs errants? Ils s'adaptent bien en général et se fondent dans la société qui les accueille. Pensons aux Québécois qui sont partis vivre aux États-Unis au dix-neuvième siècle. Cependant, je doute qu'il y aura un retour vers la terre perdue...

"Un Canadien errant / Banni de ses foyers" (air connu).

mardi 22 février 2022

Les "Anglas" nous détestent !

Les "Anglas" nous détestent, nous, les Québécois. C'est parfait ! Nous les détestons aussi !

C'est vieux comme l'Europe. Les Français et les Anglais se sont faits la guerre pendant cent ans. Et puis c'était à celui qui allait conquérir le monde.

Les Anglais ont gagné et par l'entremise des États-Unis ont assuré une sorte de suprématie économique et culturelle qu'ils essaient de maintenir en jouant aux matamores avec tous les pays qui ne s'alignent pas.

Mais pour revenir à nous, à nos Anglais du Canada. Il semble y avoir un réveil nationaliste dans l'Ouest. Je le vois comme une résistance au mondialisme qui s'est exprimé depuis le rapatriement de la Constitution en 1982. L'immigration et le multiculturalisme d'État ne passent pas aussi facilement avec le peuple Anglais qui ne veut pas disparaître dans ce mariage forcé avec les 125 nations du monde.

On constate donc que les Québécois ne sont pas les seuls à penser que le hidjab n'est peut-être pas le sommet de la civilisation. Les Anglais ne semblent pas l'exprimer ou on ne le voit pas dans les médias. C'est difficile à dire de loin puisque ce renouveau nationaliste vient surtout de l'Ouest, des provinces de l'Alberta, de la Saskatchewan et du Manitoba.

Mais pourquoi nous détestent-ils ? Ils n'ont pas aimé que Trudeau père leur impose la péréquation, le bilinguisme. Franchement, ils n'ont pas tort ! De là à être masochistes comme la droite des Radios X colonisés et à se mépriser...

On sait que la péréquation est un mythe si on calcule par habitant. le Québec ne reçoit pas plus que les provinces atlantiques, par exemple.

Il y a d'autres raisons, je crois. Ils n'ont pas apprécié la montée du nationalisme québécois, ne l'ont pas compris. Il faut dire que nous allions briser le territoire.

J'ai eu la même réaction lors de la crise d'Oka. Un événement que l'on a un peu occulté mais qui signifiait la partition éventuelle du territoire québécois. Et que dire des Cris? La Constitution leur apprend qu'ils sont des nations (à mon avis, ce sont des tribus) et eux y croient et ils se gonflent en grenouille à la grosseur d'un pays.

C'est une erreur fondamentale du Parti Québécois d'avoir octroyé virtuellement ce statut de nation aux Autochtones sans qu'il y ait de réciprocité. Toutefois, c'était un élan de générosité... avec un fond de culpabilité de Blancs?

Pour revenir à nos Anglais, ils n'ont pas apprécié non plus que nous refusions l'oléoduc pour acheminer leur pétrole jusqu'aux provinces atlantiques. Encore une fois, je ne peux que leur donner raison. Cette stupide écologie, cette nouvelle religion, empêche toutes formes de développement.

Bref, où cela nous mènera-t-il? Nous pouvons espérer que les Anglais de l'Ouest aient le courage que nous n'avons pas eu de nous séparer de cette fédération ou qu'elles remettent en question la Constitution.

Potentiellement, nous avons un allié si nous souhaitons que le Québec soit souverain ou qu'il ait simplement plus de pouvoirs dans une vraie fédération d'États associés. On a vu pendant la contestation des camionneurs une forme d'union entre les drapeaux canadiens et les drapeaux québécois, C'était une alliance ponctuelle qui pourrait croître.

Les États n'ont pas d'état d'âme. Que l'on nous aime ou pas, nous devrions-nous en balancer comme de l'an quarante. C'est quoi cette mièvrerie québécoise? Ces pleurnicheries?

Soyons nietzschéens ! Sans devenir fous non plus ! Soyons forts ! "Le Québec saura faire / S'il ne se laisse pas faire" (chanson de "La Révolution française", groupe québécois des années 60).

samedi 19 février 2022

La ferme de la liberté (fiction)

D'un côté, en ligne serrée, il y avait les porcs et les truies. Derrière cette ligne quelques porcs tenaient en laisse des chiens : Bergers allemands, Rotweillers et Pittbulls.

Ils avançaient lentement et méthodiquement.

Devant eux, les pigeons et les colombes qui les observaient, leur parlaient tentaient de les amadouer, malgré leur silence.

Leurs efforts étaient voués à l'échec et quand les porcs et les truies avançaient, ils étaient obligés de reculer.

Parfois, quand un pigeon résistait ou quand il insultait un porc, il était immédiatement entouré de quelques porcs et de truies qui l'immobilisaient. Puis il était amené dans une cage.

À un moment, il y eut une forte résistance des pigeons, par ruse les porcs et les truies s'écartèrent pour laisser les chiens piétiner les pigeons et les colombes qui volaient et virevoltaient dans tous les sens avec la peur et l'incrédulité au fond des yeux.

C'était un combat perdu d'avance. Les pigeons et les colombes allaient reprendre le travail la semaine suivante et continuer à payer taxes et impôts, et à suivre les ordres de leurs élus.

Les habitants allaient retrouver le calme légendaire de leur capital bien que la présence d'animaux importés de régions exotiques aux mœurs inconnus commençaient à devenir problématique. On agressait leurs porcelets, on traînait en bandes, on s'attaquait.

Nous ne sommes plus chez nous dans notre porcherie, pensaient plusieurs sans oser le dire. Ils partiraient sans doute pour former des communautés fermées et, en attendant, ceux qui avaient les moyens, envoyaient leurs pourceaux à l'école privée.

À la télé, ils retrouveront les porcs et les truies qui les informeront et les distrairont, et relativiseront tout dans un léthargique bain d'images judicieusement choisies.

vendredi 18 février 2022

L'idéologie des Trudeau, père et fils, a-t-elle atteint ses limites?

Today in the House, Members of Parliament unanimously condemned the antisemitism, Islamophobia, anti-Black racism, homophobia, and transphobia that we've seen on display in Ottawa over the past number of days. Together, let's keep working to make Canada more inclusive.

— Justin Trudeau (@JustinTrudeau) February 1, 2022

Ce commentaire de Justin Trudeau sur les manifestants camionneurs est un morceau d'anthologie de l'idéologie progressive qui lui sert de cerveau.

Cette idéologie est totalement dans le prolongement de celle qui a inspiré son père quand il a proposé en 1982 cette Constitution (mondialiste avant l'heure) qui devait durer mille ans, mais qui semble déjà s'étouffer dans une sorte de délire d'invectives qui sont censés faire taire toutes formes d'opposition.

Qui sont les camionneurs? Des Blancs. Les méchants hommes Blancs que l'on ne montre plus dans ces pubs, ces films, ces médias, ces journaux, qui célèbrent la diversité en long et en large, jusqu'à la nausée.

Ces Blancs sont aussi des WASPs, White Anglo-Saxons Protestants : au Canada, c'est l'autre peuple fondateur, puisque traditionnellement on présentait le Canada comme ayant été fondé par les Anglais et les Français en 1867.

Justin Trudeau a beau présenter le Canada comme un pays post-national, les peuples ne se laissent pas oblitérer de l'Histoire aussi facilement. C'est vrais pour les Québécois, pour les Autochtones ; C'est vrai aussi pour les Anglais.

Si Justin Trudeau a réagi de cette façon, agressive, sans compromis, c'est qu'il prenait pour acquis que la classe moyenne allait restait une masse silencieuse. elle l'est la plupart du temps et elle accepte les hausses de taxes et d'impôts, l'immigration massive, la disparition de sa culture et sa transformation... Ou du moins, elle semblait l'accepter.

Mais c'est devenu un tel tabou de s'opposer aux transformations sociétales des progressifs qui représentent une minorité marginale mais qui impose ses thèmes parce qu'elle est souvent plus cultivée et qu'elle occupe des emplois qui permettent d'amener ces thèmes au-devant de la scène, donnant l'illusion que toute la société embrasse le lgbtisme, ou le féminisme, ou le multiculturalisme, ou l'anti-racisme : c'est devenu un tel tabou, donc, que la frustration engendrée par cette perte du sens fondamental de son appartenance au pays qu'on a construit, a trouvé ce chemin pour s'exprimer.

La crise du virus a été un prétexte, un prétexte réel, mais un prétexte quand même.

La distance entre les élites qui veulent construire un monde qui est une vue de l'esprit où tous doivent se soumettre à leurs injonctions et la classe des manants, les pigeons de la classe moyenne, n'a jamais été aussi flagrante.

Toutefois, à moins de subjuguer par la force ou par la loi, comme c'est le cas présentement, une bonne partie de la population, le mondialisme ne passera pas comme une lettre à la poste.

mercredi 16 février 2022

L' Avenir de la Musique

Mon ami Sting (??) a vendu son catalogue de chansons, 250 millions de beaux dollars !

C'est une tendance chez les artistes comme me l'a appris Rick Beato (Monsiuer Musique sur YouTube. Si vous voulez tout connaître sur la musique aujourd'hui. C'est un ancien producteur, musicien, prof de musique.)

https://www.youtube.com/watch?v=YDlnFzsiyB8

Il fait bien parce que sa musique n'a pas d'avenir, aussi talentueux soit-il.

Dylan, Sprinsteen ont fait la même chose, je crois. Madonna devrait aussi vendre ses tounes superficielles, si on peut lui donner un conseil (je peux bien parce que c'est ma cousine d'après mon arbre généalogique, comme Céline Dion. Les Québécois ont tous des ancêtres communs).

Quel est l'intérêt de vendre son catalogue?

Eh bien, de faire un maximum de fric quand on est encore vivant et d'en profiter. De ne pas laisser ses descendants avec la tâche de gérer un catalogue qui peut ou pas ne rien valoir dans vingt ou trente ans. Aussi d'éviter les chicanes de famille entre les descendants, comme l'exemple de Johnny Hallyday le montre, étant donné que le gros con de Belge a déshérité deux de ses enfants pour privilégier ses deux derniers et sa femme Sugar Daddy.

La musique est devenue tellement changeante et la façon de l'écouter est diverse. Aujourd'hui, on l'écoute sur Spotify (surtout les plus jeunes qui connaissent les tendances de la virtualité), mais demain on l'écoutera de quelle façon?

Et puis qu'est-ce qui plaît aujourd'hui?

Le rap, le hip-hop de merde (jugement de valeur!) : chacun ses goûts. Ou bien Ed Sheeran et ses chansons répétitives avec quatre accords? Dans le meilleur des cas, Coldplay, une musique plus complexe, vous rejoint peut-être davantage.

On constate que les musiques le moindrement complexes sont ignorées.

Ce sont des musiques qui vivent parce que vous aviez 16 ans dans les années 70... Ou dans les années 80.

Vous êtes de la génération Police et Madonna, ou de la génération Led Zeppelin, ou celle des Rolling Stones et des Beatles.

Donc vous atteignez un certain âge.

Il y a encore un marché pour vous. Cependant, c'est le marché de la nostalgie.

Que va-t-on écouter dans vingt ans? Trente ans? Cent ans? deux cents ans? Personne ne peut le savoir.

On sait (ou pas!) qu'à une époque le grand Bach, lui-même, avait disparu de la scène musicale.

Plus globalement, cela nous interroge sur la futilité des choses humaines. Tout passe et s'évanouit.

Demain, le Soleil, lui-même, va s'éteindre...

dimanche 30 janvier 2022

Le Blanchistan et l'art africain

Ce serait un bon nom cela pour le futur pays qui sera créé quand tous les Occidentaux des pays ayant le bonheur de subir la diversité iront voir ailleurs si la vie ne serait pas plus belle.

C'est une évidence que le multiculturalisme à l'anglo-saxonne, le modèle américain, ne fonctionne pas. On l'a vu avec les Black Lives Matter, en particulier. On le voit au Québec, à Montréal, où les fusillades entre gangs de rue se multiplient, les Haïtiens et les Jamaïcains, dit-on.

Les gens intelligents sont ainsi : quand ils ne sont pas bien, que leur sécurité est menacée, ils se battent ou ils se tirent.

C'est ce que je prévois pour les trente prochaines années, soit de grands mouvements de population. Les Blancs vont fuir dans un premier temps leurs villes où les élites ont imposé la diversité, diversité est le mot code pour la mise en minorité des Occidentaux dans leur propre pays.

Personne ne peut vivre dans ces asiles de fous que deviennent les pays occidentaux.

Ils vont vivre entre eux, peut-être dans des enclaves sécurisées, car on se demande à quel endroit pourrait être créé le Blanchistan. À la limite, acheter une île vierge comme je l'ai déjà proposé :

https://orbenitide.blogspot.com/2017/03/politique-fiction-la-possibilite-dune.html

Cela semble fou jusqu'à ce qu'on le fasse. Le projet sioniste semblait fou au début, cependant...

- Changeons de sujet. Faut-il restituer les oeuvres africaines prises lors de la colonisation africaine ou les pillages?

Ce sera une émission à TV5 que je ne vais probablement pas regarder.

Oui, je crois qu'il faut tout leur rendre, même les artefacts égyptiens. Qu'ils se débrouillent avec leurs hideuses statues et leurs masques primitifs de cannibales.

Ce qui serait vraiment l'idéal serait de leur rendre aussi leur population, et le Maghreb est en Afrique, ne l'oublions pas. Bon débarras !... Non, quel dommage !

Ici, au Québec, on pourrait rendre les Haïtiens à Haïti. reprenez votre Dany Laferrière, la guidoune littéraire, et Michaelle Jean, la reine nègre du Canada.

Il est de bon ton de souligner l'apport de l'Afrique à l'art occidental, par exemple l'influence du masque africain sur Picasso. Et puis après? Van Gogh s'est inspiré du Japon et on en fait pas tout un plat.

Picasso s'est aussi inspiré de Velázquez, il était très cultivé. Par contre le contraire n'est pas vrai, l'Afrique ne s'est pas inspiré de l'art occidental parce que ça la dépasse.

samedi 15 janvier 2022

Le poète Claude Péloquin est-il cette fois allé trop loin?

Le poète Claude Péloquin est-il cette fois allé trop loin?, se demandait les insipides de Radio-Canada.

https://ici.radio-canada.ca/nouvelle/697425/derapage-poete-claude-peloquin-immigration

Mais bien sûr qu'il est allé trop loin pour Radio-Canada puisqu'il a dit la vérité ! C'est-à-dire que la population du Québec est remplacée par la soi-disant diversité venue du tiers-monde la plupart du temps ; parfois de France, des Français qui voulaient échapper à leur enfer multiculturel et qui le retrouvent peu à peu à Montréal.

« On nous fait le même coup qu'aux Amérindiens. »

— Une citation de
  Claude Péloquin

Cette référence aux damnés de la terre Amérindiens auraient dû faire plaisir aux Patrick Lagacé et aux Marc Cassivi, les chantres mous du multiculturalisme à la canadienne. Mais non !

"Raciste, xénophobe !", dénonce Patrick Lagacé.

La souverainiste et grande défenderesse du français, Sophie Durocher lance aussi quelques pierres au fougueux poète. D'après elle, parler de génocide constitue des "propos dégueulasses". C'est le mot qui la dérange, elle, si sensible aux génocides des Juifs.

En fait, elle a raison, le mot n'est pas tout à fait juste, il faudrait utiliser le mot ethnocide. Ça vous va, Sophie? puisque maintenant les francophones sont minoritaires à Montréal, Shit-Hole-Yul.

« Si on n'arrête pas le flot d'étrangers on n'aura pas de pays. Oubliez le, le Québec. » a-t-il craché en ondes.
        « L'immigration a déjà été une richesse, maintenant c'est un fléau, that's it. (...)Trop c'est trop. On peut pas avaler tout ça. On peut pas intégrer tout ça. (...) C'est un génocide.» (https://www.journaldemontreal.com/2014/12/09/vous-etes-pas-ecoeures-de-peloquin)

Depuis le poète s'en est allé vers d'autres cieux, il est décédé il y a quelques années.

Cependant, l'immigration de remplacement continue avec 70 000 nouveaux "Québécois" chaque année, dont la moitié ne parlent pas français. Sans oublier les 20 000 migrants qui viennent au Québec sans doute attirés par notre climat d'une grande douceur et notre été qui dure quatre mois.

Shit-Hole-Yul, Montréal, Montreal, Mountreehall, est devenue violente? C'est la pauvreté et le racisme systémique des Québécois de souche qui ne sont plus à Montréal mais qui sont quand même responsables de la violence des gangs de rue qu'il ne faut plus nommer. Et bien sûr la circulation des armes à feu sera un thème récurrent. On ira embêter les chasseurs, ça passera le temps.

« Vous êtes pas écœurés de mourir, bande de caves! «

mardi 28 décembre 2021

Le Petit Prince... islamiste

- S'il vous plaît... égorge-moi un mouton !

- Hein !

- Égorge-moi un mouton...

Quel ne fut pas mon étonnement de trouver en plein milieu du désert ce petit garçon qui me demandait une chose aussi saugrenue.

- Égorge-moi un mouton puisque c'est l'Aïd et que, selon le prophète, il le faut. Le mouton doit avoir la tête tournée vers la Mecque.

- Mais c'est quoi cette histoire ridicule, le mouton fait la prière? Écoute, petit, je n'ai ni mouton, ni couteau, ni quoi que ce soit pour t'égorger un mouton.

- Par Allah, tu seras châtié !

Arrive de je ne sais où une horde de cavaliers barbaresques montés sur de superbes chevaux arabes et je me dis que je devrais déguerpir si je ne veux pas finir en deux morceaux.

Je saute dans mon avion que j'avais réussi à réparer au dernier moment et je me pousse à mille kilomètres du Sahara où je me pose un instant près d'un oasis.

- S'il vous plaît... dessine-moi un mouton !

- Encore !

Bon, c'est plus raisonnable.

Reprenons mon histoire...

samedi 11 décembre 2021

"Les envahisseurs" de la diversité

« Les envahisseurs : ces êtres exotiques venus du tiers-monde et du quart-monde. Leur destination : les pays Occidentaux. Leur but : profiter des largesses de nos États Providences et des programmes sociaux que nous avons mérités à la sueur du front de nos ancêtres. Joseph David Vincent Tremblay les a vus sur le chemin Roxham. Pour lui, tout a commencé dans les années 70. Cela a commencé par Pierre Elliot Trudeau et sa lutte contre le mouvement séparatiste québécois. Cela a commencé par la Nuit des longs couteaux quand on a fait du multiculturalisme une doctrine d'État dont le but est l'ethnocide du peuple québécois en instaurant une politique folle d'immigration incontrôlée ayant pour but de submerger démographiquement les francophones d'Amérique. Maintenant, Joseph David Vincent Tremblay sait que les envahisseurs sont là, qu'ils ont pris forme humaine et qu'il lui faut convaincre un monde incrédule que le cauchemar a déjà commencé... mais ce monde incrédule qui a quitté Montréal et sa diversité imposée sait que sa société est en danger. Il le sait même physiquement par l'augmentation du taux de criminalité. Il craint pour sa vie et la vie de ses enfants Il le voit à la télé avec ces pubs surréalistes qui lui donne le sentiment d'être en Afrique ou en Asie. Il sait que si rien ne change, il va disparaître. Il sait que ses élites sont des traîtres. Comment se délivrera-t-il de ce cauchemar ? »,

Par ABC Television — eBayfrontback, Domaine public, https://commons.wikimedia.org/w/index.php?curid=32764692

vendredi 10 décembre 2021

"Les Envahisseurs" : la prétendue "diversité"

Les Envahisseurs ! David Vincent les a vus.

Cela a commencé dans les années 70 quand les élites, poussées, par les milieux du monde des affaires avaient besoin de main-d'oeuvre à bon marché qu'elle a fait venir des pays de pauvres, ces pays où la population n'est pas assez brillante pour faire pousser des fruits et des légumes ou pour créer une économie basée sur la technologie de pointe qu'ils ne maîtrisent pas.

Cela a commencé quand les élites ont ouvert les portes aux populations non-Européennes pour nous imposer la prétendue diversité et leur merveilleuse culture folklorique, leur religion rétrograde et arriérée comme l'islam où un homme vaut deux femmes et qu'elles marchent derrière habillées en mémé du désert avec leurs trois enfants dont un ira faire le djihad, un sera délinquant.

Cela a commencé quand les élites ont compris que les Envahisseurs stimulent l'économie. On le voit dans la ville de Québec où l'ont bâti des édifices pour loger les colorés et les non-colérés, les Asiatiques, les ceux du Moyen-Orient.

Cela a commencé quand on leur permet de violer nos frontières au chemin Roxham et qu'ensuite on leur donne de l'.argent pendant une année ou plus, finançant notre propre disparition, notre ethnocide en douce.

Ensuite, ces mêmes élites essaieront de nous émouvoir avec les Ouïghours ou les Rohinghas et donneront des prétextes humanitaires au boycott des superpuissance comme la Chine qui a joué le jeu et qui commence à dépasser nos économies stagnantes.

Cela a commencé au Québec quand on a compris que le problème du nationalisme québécois pouvait être neutralisé par les Envahisseurs. Il n'y avait qu'à changer la démographie pour que la majorité francophone devienne minoritaire comme à Montréal et maintenant Québec, malgré les petits inconvénients comme les tueries entre bande criminalisée d'Envahisseurs colorés, le plus souvent.

Cela a commencé et cela n'est pas près de finir puisque les David Vincent de gauche et les David Vincent libéraux se sont unis pour vanter les mérites des Envahisseurs et de leur merveilleuse culture de merde ou de pas merde, mais une culture qui n'est pas la nôtre, la nôtre qui vaut bien la vôtre.

Cela a commencé et cela n'est pas près de se terminer même quand un Trump et un Zemmour comprennent les David Vincent de ce monde qui vont finir par allumer ou se tirer au plus vite de cet asile de fous qu'on essaie de nous imposer.

jeudi 9 décembre 2021

Le Québecxit au plus vite !

Vive le Québec libre !

Si je suis souverainiste, ce n'est pas pour commémorer le courage des Patriotes.

Ce n'est pas non plus pour commémorer le souvenir d'Octobre 70.

Ce n'est pas non plus parce que j'aurais du ressentiment contre les Anglais. Je me fous des Anglais. Je me fous de savoir si les Anglais nous aiment ou pas. Je les comprends plutôt de ne pas aimer Trudeau père qui leur a imposé le multiculturalisme, qui leur a imposé le bilinguisme, qui leur a imposé l'immigration massive qui va les faire disparaître comme il a fait disparaître les Québécois de souche à Montréal.

Ce n'est pas non plus parce que je serais de gauche, féministe, antiraciste, multiculturaliste ou socialiste et tous les ismes qui sont à la mode chez les "djeunes" à Montréal, à l'UQUAM dans les départements d'études sociologiques, d'études de genre de mes deux, ou de la chaire féministe pour quelques voilées islanistes à gogo qui a infiltré Québec Solidaire.

Si je suis souverainiste, c'est pour être le patron dans ma maison, pour devenir immensément riche et pour que le peuple Québécois de souche française (et tous ceux qui se sont assimilés à ce peuple) soit encore de ce monde pour aussi loin qu'on puisse imaginer dans le temps.

La seule façon d'y parvenir, c'est de constituer une option claire et limpide qui ne tourne pas autour du pot et qui proposerais un référendum qui sera probablement perdant.

Il faut un parti qui signifie clairement que s'il est élu le processus de l'indépendance est en marche et qu'après une négociation avec le Canada qui pourrait durer deux, trois ou quatre ans, la souveraineté du Québec sera proclamé officiellement, après avoir été déclaré virtuellement le soir de l'élection.

Il faut jouer quitte ou double et proposer ce que j'appelle le Québecxit sinon je ne vois pas comment on pourrait devenir souverain, sauf s'il y a un événement marquant comme la crise d'Oka où certains ont compris que l'intégrité du territoire était menacée. Autrement après ce qui a été presque une guerre civile. Après tout, peu de peuples sont devenus indépendants par les voies démocratiques. Dommage mais les voies de l'Histoire sont ainsi.

J'avoue que je suis peu optimiste, mais qui sait ce que l'avenir nous réserve.

Quoi qu'il en soit : Vive le Québec libre !

vendredi 3 décembre 2021

Immigrants : Retournez chez vous !

Je sais qu'il y a tout une rhétorique comme quoi les Français qui sont venus ici étaient aussi des immigrants et qu'ils ont volé le pays (qui n'existait pas !) aux saints Autochtones, auréolés de toutes les qualités imaginaires qu'on leur prête (écologistes : facile quand on vit à l'âge de pierre ; fraternelles, matriarcales : pratiquant le cannibalisme et la torture).

Non, nous n'étions pas des immigrants, nous étions des colonisateurs d'un pays qui n'existait pas et que nous avons fondé et créé à la sueur du front de nos ancêtres. L'Allemagne n'existait pas en 1534, ni l'Italie, la notion de pays n'était pas celle d'aujourd'hui. Cependant la France existait déjà et l'Angleterre.

Les Autochtones étaient, la plupart des peuples nomades, des tribus, qui se faisaient la guerre entre eux, qui prenaient des otages... Qu'on ne vienne pas me dire qu'ils avaient la notion de pays avec tout ce que cela suppose.

Bref, pour revenir au sujet qui nous intéresse, l'immigration.

Legault a l'intention de continuer d'en faire venir 70 000 par année. C'est absolument indécent. C'est une invasion. On sait pourquoi, ils viennent ici pour la plupart : leurs pays sont chaotiques, leur économie est chancelante. Certains fuient la guerre, peut-être. Ce n'est pas notre problème ! Vous avez la chance d'avoir un pays, il faut vous battre pour en faire un paradis.

Retournez chez vous !

Je jette un oeil parfois (involontairement, en attendant les infos suisses ou françaises) à TV5 et je tombe sur l'émission de Bruno Blanchette ou une autre célébrité du Plateau qui se payent des voyages avec notre abonnement du câble et les impôts qui subventionnent notre télévision. Autrefois, TV5 était une chaîne qui célébrait la francophonie, mais elle est devenue une chaîne où on fait la propagande canadienne du multiculturalisme.

L'émission de Bruno Blanchette s'intitule, je crois, "Manger le monde" : quel titre idiot ! Donc, on se retrouve dans cette situation absurde où le comédien voyage à l'étranger pour célébrer les cultures des autres pays qui, eux, sont restés les mêmes : des pays homogènes d'habitants qui aiment leur culture, leur folklore, leurs moeurs, aussi ridicules qu'ils puissent paraître pendant qu'ici on nous impose le multiculturalisme et la soi-disant diversité.

Le mot diversité est un mot-code qui signifie l'invasion des pays Blancs à qui on impose un faux métissage qui n'existe que dans ces fictionnelles publicités de Noirs, le plus souvent : trois Blancs avec leur ami Noir, une Blanche avec son copain Noir ou Asiatique.

C'est absolument indécent puisque qu'on nous fait disparaître en se servant de notre argent. Nous payons notre disparition et l'effacement de notre civilisation occidentale qui a inventé le monde d'aujourd'hui et qui a amélioré la vie de tous les habitants de la Terre.

En accueillant le tiers-monde, nous aurons le tiers-monde, pour reprendre ce que disait Alexandre Cormier-Denis de NOMOS-TV qui s'est fait censurer sur YouTube pour avoir énoncé des vérités qui dérangent. Ce que nous constatons en ce moment à Montréal où les gangs se font la geurre entre elles.

Le gouvernement québécois devrait exiger d'Haïti, entre autres, une partie de son territoire, étant donné qu'une succursale d'Haïti a été installée au Québec, je ne vois pas pourquoi le contraire n'existerait pas. (Je cite Haïti, ça pourrait être l'Algérie ou l'Inde...)

J'imagine un hôtel ou un territoire où les Québécois pourraient aller pendant l'hiver. Et je parie qu'après quelques années, ce coin d'Haïti serait l'endroit le plus prospère de l'île. Chaque peuple a ses défauts et ses qualités, le peuple caucasien aime l'ordre, l'organisation et une certaine efficacité.

Nous avons bâti quelques barrages impressionnants quand nous étions encore sur l'élan de la Révolution Tranquille. Que faisons-nous depuis l'invasion immigrante? Ne devrions-nous pas être plus prospères grâce à cette merveilleuse diversité?

Que nenni !

J'emmerde la diversité et le "bruno-blanchettisme !

Vive le Québec libre !

Le Québec aux Québécois !

lundi 22 mars 2021

Un parti souverainiste doit déclarer la souveraineté le jour de son élection !

Il y a une équivalence entre les cosmopolites du Plateau de Montréal et les radios de Québec anti-Québec, les maires vendus de Montréal et les animateurs de Radios X : même engeance traîtresse.

Valérie Plante, Denis Coderre devraient être exilés en Ontario. Tout comme Jeff Fillion et ses acolytes, des colonisés qui crachent sur le Québec depuis des années. Qu'ils aillent vivre leur utopie libertarienne aux États-Unis (où personne ne prend au sérieux ces lubies). On verra s'ils arrivent à gagner un aussi bon salaire qu'au Québec en s'exprimant en franglais.

Après la déclaration unilatérale de la souveraineté, il faut mettre Montréal et Laval sous tutelle ou les séparer du territoire québécois. Reprendre tous les territoires, les zones de non-droit comme les territoires Mohawks ; ou entreprendre la partition du territoire dans une bonne entente et un intérêt mutuel puisque nos peuples n'ont pas les mêmes buts. Je pense aux Cris, aux Mohawks, aux Inuits.

Bien sûr, arrêtez toute forme d'immigration pour que cesse notre ethnocide en nous rapetissant démographiquement avec tout ce qui vient du tiers-monde. Le niveau du Québec ne va pas monter avec cette immigration et c'est vrai dans tous les domaines : économique, intellectuel, sociologique, etc.

Si les Haïtiens aiment tellement s'installer dans leur ghetto montréalais, eh bien, qu'ils nous cèdent une partie de leur territoire en échange, au prorata du nombre d'Haïtiens qui viennent ici. Nous ferons de territoire un petit Québec tropical pour nos vacances.

Si le français se perd à Montréal, c'est en grande partie à cause de l'immigration, mais aussi parce que le Québec n'est pas souverain et que le Canada prône le bilinguisme. On n'obéit qu'à un seul maître et au Québec, c'est nous qui devons mener la baraque, Tabarnaque !

jeudi 3 septembre 2020

"Les peuples qui meurent, ça meurt longtemps." Pierre Falardeau

Quels sont les scénarios possibles pour le peuple Québécois devenu une ethnie parmi tant d'autres dans le Canada post-national et multiculturaliste?

Par une sorte de miracle, un réflexe de survie inespéré, il pourrait choisir de devenir souverain. S'il réalise que ce qui est arrivé à Montréal, soit le remplacement de la population et l'anglicisation, se répand peu à peu dans les autres villes comme Québec, Trois-Rivières, le peuple Québécois va peut-être enfin se réveiller. Voter pour la CAQ était déjà un sursaut national pour se débarrasser des corrompus du PLQ, pour réduire l'immigration et pour encadrer les demandes de minorités exotiques.

Le soir d'un référendum gagnant pour la souveraineté, il y aurait probablement les débuts d'un désir de sécession et de partition du territoire par les minorités montréalaises et par les communautés autochtones à qui on a a fait croire qu'ils étaient des nations. Au moins, les choses seraient claires : un peuple, un territoire. Il n'y a rien qui pourrait l'empêcher, le Canada serait trop heureux d'humilier les Québécois et de se leur faire payer leur audace. Les souverainistes sont souvent trop naïfs en pensant que le droit international prévaudrait. Entre un Autochtone qui joue les martyrs et un Québécois Blanc, à qui l'ONU et l'opinion internationale vont accorder leur soutien?

Bon, cessons de rêver ! Le scénario le plus probable est une lente et pénible résiliation de l'ethnie québécoise à son statut de peuple minoritaire en voie de disparition.

Cela peut prendre un certain temps, mais tôt ou tard, le peuple Québécois deviendrait les Cajuns du Nord, une réserve ethnique animée par quelques chanteurs fringants jouant de l'accordéon. On peut en avoir un avant-goût en écoutant les chansons bilingues de plusieurs artistes québécois. La prochaine étape sera le "chiac" à la façon de Radio Radio, le groupe acadien de la Nouvelle-Écosse. (Le chiac, parfois appelé la chiacque, est un dialecte franglais ou anglo-français du Canada. Ce mélange vernaculaire est parlé principalement au Nouveau-Brunswick au Canada, notamment dans la région de Moncton, où il est fortement influencé par la communauté anglophone. Un Chiac, ou Chiacque au féminin, est un habitant acadien du Sud-Est du Nouveau-Brunswick.)

Le sort de l'Acadien est aussi une fin possible pour le peuple Québécois. Le peuple Acadien est fier et il fait bloc, mais il est aussi très tranquille, il ne fait pas de vagues et accepte son sort de minorité. De la même façon que tous ces francophones dispersés dans le Canada, en Ontario, au Manitoba. Le chanteur manitobain Daniel Lavoie affirmait que les francophones du Manitoba ressentaient une sorte d'orgueil à parler un anglais sans accent et qu'ils se foutaient des Québécois (Dieu sait pourquoi?); ce sont de parfaits colonisés et si leurs enfants parlent anglais en une génération ils seront assimilés (comme les Jack Kerouac, Alanis Morrissette, Justin Bieber et les Eugenie Bouchard - fière de ne pas avoir d'accent québécois - le prouvent, de même que tous les Québécois qui sont partis vivre aux États-Unis au dix-neuvième siècle.)

Quelques ethnologues et anthropologues viendront étudier le phénomène dans cinquante ans et ils seront tous bien tristes de la disparition dans l'indifférence quasi totale des premiers bâtisseurs de l'Amérique du Nord, de la disparition de ce peuple qui aurait pu être nation.

Notre compatriote, Pierre Falardeau, avait anticipé les chemins possibles :

«Moi je n'abandonnerai jamais. [...] Si on choisit collectivement d'abandonner, y'a un prix à payer pour ça. Si on choisit de s'écraser, si on choisit de s'allonger, le monde y vont s'essuyer les pieds sur nous autres. Pis les peuples qui meurent, ça meurt longtemps. Pis c'est douloureux, pis ça fait mal. Faque, si vous décidez d'abandonner ça va être bin long, pis ça va être tough. Vous avez besoin d'être tough.»